맛창 식당,
이유 있는
성공의 비밀

맛창 식당, 이유 있는 성공의 비밀

식당의 매력은 '매출'이다

| 이경태 지음 |

천그루숲

어느덧 16번째 책을 내게 되었습니다. 서른 살에 첫 책《거꾸로 보는 프랜차이즈》를 출간하며, 이를 계기로 식당 컨설팅이 직업이 되었습니다. 그리고 21년이 지난 지금 16번째 책을 쓰고 있습니다.

그렇게 많은 책을 쓸 줄 몰랐던 것처럼, 식당 컨설팅으로 밥벌이를 이렇게 오래할 줄도 몰랐습니다. 그간 수백 곳의 식당을 만나며 16권의 책에 다 담지 못할 정도로 '장사란 무엇인가?'를 느끼고 경험할 수 있었습니다. 그래서 저의 이야기는 언제 끝날지 모르겠습니다. 경험은 항시 새롭고, 경험의 중첩은 깊은 내공으로 더욱 단순해진다는 것을 이제는 조금 알게 되었으니까요.

지금까지 쓴 책의 이야기는 대동소이합니다. 식당 창업을 제대로 하는 법, 장사를 제대로 하는 법에 대해 일관되게 썼습니다. 다만, 과거에는 미처 몰라서 그게 옳다고 말했던 것이, 지나고 보니 부끄러운 훈수였던 적은 있습니다. 일테면 이런 겁니다. 과거에는 식당이 모인 곳에서 창업을 하라고 했지만, 지금은 식당이 모인 곳을 피하라고 합니다. 과거에는 점심이 주력이면 저녁 특선을, 저녁이 주력이면 점심 특선을 만들어야 한다고 말했지만, 지금은 하나의 메뉴로 점심과 저녁, 평일과 주말을 견디는 것이 최고의 지름길이라고 말합니다. 모두가 경험이 준 선물입니다. 경험으로 터득된 진짜 열매의 모습을 보게 된 탓입니다.

제가 언젠가부터 말하는 요지는 상당히 단순하고 명료합니다.

'한 가지를 팔아라'
여러 가지 선택지를 주면 손님은 당신의 식당을 기억하지 못한다.
'스킨십으로 팔아라'
손님과 주인이 대화를 나눠야만 서로를 기억할 수 있다.
'보답하면서 팔아라'
자주 오는 손님은 호구가 아니다. 보답을 못하는 주인이 바보다.

이번 책 역시도 이 범주를 크게 벗어나지 않습니다. 그럼에도 책을 꾸준하게 계속 쓰는 이유는 '대한민국 식당의 9할'은 아무것도 변하지 않았기 때문입니다. 손님이 와도 제대로 인사도 안 하고, 여러 번 가도 아는 척도 안 합니다. 뭘 고를까 고민하면 다 맛있다고 하고, 어쩌다 반찬이 맛있어서 더 달라고 하면 인상을 씁니다. 추가 주문을 해도 고마워하지 않고, 많이 먹었다고 뭐 하나 서비스를 더 주는 법도 없습니다.

이런 작금의 황당한 장사법을 저라는 개인이 혼자서 깨보겠다고 책을 쓰는 건 아닙니다. 책을 본다 해도 제 말대로 따라 하지 않는 분들이 훨씬 더 많지만, 그래도 누군가는 제가 그동안 파고든 장사법에서 힌트를 얻어 좋은 결과를 낸다면 저는 그것으로 족할 뿐입니다.

대한민국 대부분의 식당은 마이너리그처럼 매일이 어렵고 고달픕니다. 저는 맛 하나로 손님을 줄 세우게 하는 TV의 백 선생처럼 대단한 능력은 갖추지 못했지만, 손님들이 식당에 들어왔을 때 맛있게 먹도록 만들고 기분 좋게 만드는 재주는 감히 최고라고 생각합니다. '아 다르고, 어 다르다'고 합니다. 같은 말 하나라도 어떤 표현을 쓰는가에 따라 손님의 감동은 달라집니다. 같은 셈이라도 어떤 식으로 따지는가에 따라 손님도 기분 좋고, 식당 주인도 행복할 수 있습니다.

바로 그런 이야기입니다. 이 책과 그동안 제가 썼던 책은 그런 이야기를 꾸준하게 반복합니다. 하지만 사례는 항상 새롭습니다. 지금 벌어지는 시대에 해본 결과물들, 경험치를 녹인 내용들입니다. 만일 과거의 노하우도 기꺼이 받아 쓸 수 있는 배려를 가지셨다면, 필자의 다른 책들도 소중한 보물이 될 겁니다.

저는 창업자의 흰 도화지를 좋아합니다. 그래야 제가 마음껏 그림을 그릴 수 있기 때문입니다. 장사의 경험이 풍부할수록 본인의 경험치를 지워내는데 많은 시간이 걸립니다. 그러나 한 번 이 책을 믿고 잠깐이라도 흰 도화지의 마음으로 읽어 보신다면, 손님이 바라는 바를 어떻게 표현하는지 이해하려는 마음으로 읽어 보신다면 한 달 후 의외로 많은 단골이 늘어났음을 경험하실 수 있습니다.

전국 100여 개의 맛창 식당들이 이미 그것을 증명하고 있습니다. 거짓이 아니라는 건 직접 방문해 보시면 압니다. 직접 경험해 보시면 손님의 기분을 좋게 만드는 식당의 매력을 느끼시게 될 겁니다.

부디 이 책 역시 그간의 책들처럼 누군가에게 소중한 동아줄로 사용되기를 기원합니다.

이경태 드림

맛?<맛창스럽다!

대한민국엔 3가지 형태의 식당이 있습니다.

70%쯤의 개인식당

30%쯤의 체인식당

맛있는 창업

0.001% 맛창식당

http://www.jumpo119.biz

이경태의 맛있는 창업

맛창스럽다.는
신뢰해도 좋은 식당의 동의어
맛창답다.는
음식값이 아깝지 않음을 뜻합니다.

서울

- 연남동   포가례
- 공릉동   아이엠돈까스
- 상암동   달콤한어부
- 행당동   만두전빵
- 효자동   효자동초밥
- 응암동   오늘은 보글부대 ★
- 창 동   창동막국수
- 공릉동   넘버원부대찌개
- 문래동   오타루우동집
- 봉천동   신나는아구찜
- 역삼동   닭갈비두목

호남권

- 광주시 수완동   고장난 소바 ★
- 광주시 수완동   마녀의 닭갈비 ★
- 광주시 쌍촌동   이헌한우
- 광주시 동천동   김밥집
- 광주시 진곡산단   남쪽마을 돌짜장 ★
- 광주시 운암동   탱고 아구찜 ★
- 광주시 쌍촌동   어쩌다, 토종닭 ★
- 광주시 월출동   효심씨 부대찌개 ★
- 광주시 일곡동   오늘부터 애간장 ★
- 광주시 봉선동   원기옥
- 광주시 무등산   무등산버섯
- 광주시 우산동   호가담
- 광주시 하남동   어물전삼합
- 광주시 호남동   복학왕닭갈비
- 전남 화순읍   그 남자의 가브리살
- 전남 화순읍   화순집 ★
- 전남 담양군   제크와 돈까스 ★
- 전북 군산시   갈비스토리

식당창업이 궁금할때
식당경영이 어려울때
맛있는 창업
홈페이지를 열어보세요
www.jumpo119.biz

수도권

- 이천시 회억리   산타의자장면 ★
- 수원시 화서동   채상궁
- 수원시 화서동   젠틀맨부대찌개
- 수원시 우만동   원투닭갈비
- 안산시 사동   동태밥상
- 성남시 서현동   연경
- 성남시 정자동   스시생선가게
- 화성시 반송동   뉴욕삼합
- 화성시 반송동   노작골부대찌개 ★
- 용인시 신봉동   엄마는스테이크
- 용인시 백암면   솔솔우동
- 양평군 양수리   양수리한옥집 ★
- 양평군 강하면   거북선해물찜
- 부천시 역곡동   동태한그릇
- 파주시 목동동   초밥대장 오이시 ★
- 일산 대화마을   아빠는 닭갈비 ★
- 동두천시 생연동   동태한그릇
- 파주시 동패동   심학산닭갈비 ★
- 곤지암 오회리   곤지암돌짜장
- 광주시 영동리   퇴촌전골집 ★
- 광주시 원당리   퇴촌돌짜장 ★
- 가평군 청평면   청평돌짜장 ★
- 시흥시 정왕동   사또화로구이 ★
- 고양시 원당   원당아구찜 ★
- 인천시 만수동   오늘은 닭갈비

충청권

- 청주시 율량동   조선계장집 ★
- 청주시 내덕동   금융 ★
- 대전시 갈마동   우리동네감자탕
- 대전시 관저동   큰주먹닭갈비 ★
- 대전시 산내   산내돌짜장 ★
- 대전시 유성   도레미아구찜 ★
- 대전시 법동   계족산 두부전골 ★
- 대전시 가오동   육해공한판닭갈비 ★
- 대전 가오동   아구찜마법사 ★
- 세종시 호려마을   오늘은 두부 ★
- 공주시 공주대   곰선생동태씨 ★
- 논산시 내동   이등병부대찌개 ★

영남권

- 대구시 동성로   동성로작은방
- 대구시 송현동   우리동네동태탕 ★
- 대구시 송현동   청마루
- 대구시 매곡리   꽃잔다식당 ★
- 대구시 욱수동   남자의부엌
- 대구시 욱수동   엄마는아구찜 ★
- 대구시 현풍동   A학점부대찌개 ★
- 대구시 상인동   가창닭갈비2 ★
- 대구시 가창   가창닭갈비
- 대구시 팔공산   팔공산닭갈비 ★
- 대구시 평리동   파이팅동태
- 경산시 대구대   통큰감자탕
- 경산시 하양   일당백부대찌개 ★
- 경산시 사동   남자의부엌
- 경산시 압량면   경산돌짜장
- 창원시 반송시장   돼지조개 ★
- 창원시 용호동   고집쎈돈태
- 창원시 가포   우동한그릇
- 창원시 주남   주남저수지돌짜장 ★
- 창원시 북면   복면닭갈비 ★
- 창원시 감계리   남양토담오리 ★
- 양산시 북정동   천하무적닭갈비 ★
- 부산시 정관읍   로망스아구찜 ★
- 울산시 상북면   가지산돌짜장 ★
- 울산시 옥동   닭갈비1450 ★

강원권

- 삼척시 덕산리   삼척수제비
- 동해시 나안동   아이러브아구찜
- 원주시 무실동   민병선부대찌개 ★★

중국

- 연길   라궁
- 연길   라궁불고기
- 연길   오두막 막걸리
- 상해   신당동
- 항주   서상훈떡복이
- 심천   (개업준비중)

9

Part 2 손님이 없는 이유는 매력이 없기 때문이다 ━━━

Part 3 손님은 매력 있는 식당을 원한다 ━━━

Part 6 매력 있는 식당에는 스토리가 있다

평범과 비범은 한 끗 차이다.
비틀면 매력이 보인다

1999년, 〈신동엽의 신장개업〉이라는 프로그램이 한창 인기를 끌었다. 외환위기로 많은 자영업자들이 고통에 빠져있을 때 전국의 식당을 돌며 식당이 살아날 수 있도록 컨설팅을 해주는 프로그램이었다. 당시 최고의 인기를 구가하던 신동엽 씨는 나와 같은 70년 개띠다. 그를 직접 본 적은 없지만, 당시 같은 학교를 다니던 친구 덕분에 개그맨 몇 명(당시엔 그저 학생인)을 봤던 터라 그리 먼 사이처럼 느껴지지 않았다. 친구의 친구 같았다. 그렇게 내 친구 같은 사람이 방송에서 죽어가는 식당을 살려주니 한결 더 재미가 있었다.

아무리 방송의 힘이라고는 하지만, 다 죽어가는 식당이 멋지게 살아나는 모습이 신기하고 멋져 보였다. 매출이 얼마로 늘었는지는 당시 나에게는 중요한 관점이 아니었다. 못생긴 간판이 멋지게 변하고,

남루하던 실내가 카페처럼 예뻐지고, 글자만 있던 메뉴판이 그림책처럼 변신하는 그 자체가 나에겐 즐거움이었다. 당시는 내가 식당을 하는 입장도 아니었고, 내가 식당을 꿈꾸지도 않았기에 나는 그저 컨설턴트가 손대어 변신하는 그 과정 자체에 몰입이 되어 매주 일요일이 오기만 목 빠지게 기다렸다. 매출의 증가는 오히려 당연하다고 생각했다. 방송에서 그렇게 홍보를 해주니 손님이 느는 건 당연지사라고 받아들였다. 그건 지금도 마찬가지다. 이슈는 손님을 움직이게 하니까 말이다.

그렇게 나는 〈신장개업〉이라는 TV 프로그램 덕분에 인생의 방향을 잡게 되었다. 그때는 방향을 잡으면 속도는 저절로 될 거라고 생각했다. 그 뒤로 십수 년이 걸릴지는 그때는 전혀 예상치도, 걱정치도 않았다. 수년만 고생하면 〈신장개업〉의 전문가처럼 될 거라고 자신했었다.

지금이야 창업 책도 많고 관련 정보도 많지만, 당시엔 창업 관련 책이 20권도 되지 않았다. 특히나 컨설팅을 알려주는 책은 지금도 귀하지만, 당시엔 전무했다. 그래서 식당 창업은 그나마 출간된 책들을 섭렵하는 것으로 배워나갔고, 컨설팅 이론은 PC통신으로 유료 결제를 해가면서 비싼 전화요금을 내며 공부해 나갔다. 벌이도 없을 때 전화요금이 십만 원이 넘게 나오니 아내는 속으로 걱정이 많았을 것이다.

당시 시중에 나온 식당 창업과 장사와 관련된 책은 거의 다 읽었는데 그중에서도 피자헛의 성신제 씨가 쓴 《창업자금 칠만 이천 원》이라는 책이 기억에 남고, 점포회생 전문가 류광선 씨의 책도 기억에 남는다. 그리고 회사에서 경험한 신규창업(고려당에서는 점포 개설이 담당업무)과 마케팅(큰길이라는 회사에서는 가맹점 판촉관리가 담당업무) 중에서는 아무래도 마케팅 쪽이 더 수월해 보였다. 신규창업은 많은 돈을 들여야 하는데 그걸 믿고 맡기기에는 내가 나이도 어리고 경력도 없으니 그 시장은 불가능하다는 판단 때문이었다. 또 개인적으로도 죽어가는 점포의 매출을 살리는 마케팅이 더 매력적이었다.

하지만 그때는 이미 식당을 차린 사람들이 훨씬 더 돈을 쓰지 않는다는 것을, 전문가의 말을 훨씬 더 신뢰하지 않는다는 것을 미처 몰랐다. 식당을 수십 년을 해 온 본인들이 더 전문가였고, 특히나 식당을 운영한 경험, 세상을 이해하는 나이, 그간 실제로 완수했던 실적을 따진다는 것을 미처 생각하지 못했었다.

그렇게 나는 스물아홉의 나이에 컨설턴트가 되겠다고 세상에 뛰어들었다. 경력이라고는 고려당에서 체인점 개설업무로 1년, 큰길이라는 곳에서 빅웨이 햄버거라는 체인점 판촉 관리업무 3년쯤이 전부였다. 그렇다고 컨설팅 관련 대학을 나온 것도 아니고, 무슨 자격증이 있지도 않았다. 해외에서 공부한 경력은 더더욱이다. 힘든 식당 자영업자들이 나를 선택해야 할 장점이 도무지 없었다. 기껏해야 책

몇 권 쓴 것이 전부였다. 나에겐 자부심의 경력이자 자산이었지만, 의뢰인에겐 책 몇 권을 집필한 사람에게 자신의 재산을 맡길 까닭이 없었다.

식당을 직접 운영해 본 경험도 없고, 식당으로 망한 경험도 없고, 그저 식당을 어떻게 차리는지만 아는 사람에게, 그저 식당에서 할 수 있는 마케팅 몇 개쯤 안다는 사람에게 도움을 청할 리 없다는 것을 알았지만 나 역시도 그걸 풀 방법이 딱히 없었다.

그래서 있는 장점을 모두 꺼내 봤다. 없는 장점도 강점이 되게끔 포장을 해봤다. 나름 글은 잘쓰는 편이라 보고서는 자신이 있었고, 말도 조리 있게 하는 편이어서 설득력도 다소 있었다. 그러나 아는 게 너무 없었다. 알아야 설득도 할텐데 배운 게 책이 전부니까, 현실을 제대로 모르니까 설득은 되지도, 될 리도 없었다.

단 하나, 반대로 생각하는 것에는 소질이 있었다. '왜 꼭 그래야 할까?' '그 방법이 아니면 답이 풀리지 않을까?' '왜 반대에서 보면 편한데 그러질 못하는 걸까?' 등 거꾸로 보는 쪽으로는 재주가 있었다. 학창시절, 시를 쓰고 심심풀이로 읽던 심리학 책에서 얻어진 습관 덕분이었다.

그러나 그렇다고 그게 장점이라는 것을 의뢰인이 받아들일 이유가 되지 못했다. 그렇게 장점이 없으니 매력도 없고, 매력이 없으니 호감을 가질 이유가 되지 않아서 삶은 늘 곤궁할 수밖에 없었다. 아무리 좋은 옷을 입어도 코디에 센스가 없으니 평범해 보이는 것과 같은 이치다. 아무리 손맛이 좋아도 그릇이 초라해 그 맛을 느끼게 하지 못하는 것과 같은 이유였다. 아무리 내 생각과 아이디어, 제안이 그럴싸 기상천외하다고 해도, 기본적인 신뢰를 줄 장점이 없으니 허공에 날리는 담배 연기 같을 뿐이었다.

지금 와서 생각해 보면 당시 나의 컨설팅 10년은 아무런 특징이 없었다. 그저 예쁜 간판, 예쁜 메뉴판, 예쁜 인테리어가 되게끔 최선을 다한 것이 전부였던 거 같다. 당시엔 그런 게 컨설팅인 줄 알았다. 그래도 의뢰인이 크게 불만은 없었으니 그나마 다행이었다.

하지만 그렇게 일을 한 탓인지 매번 하나의 일이 끝나면 새로운 일이 생길 때까지 가난했다. 찾는 사람이 없으니 싸구려 강의도 해야 했고, 5만원짜리 상담도 기꺼이 시간을 내야 했다. 내 컨설팅 상품에 특징도 없는데 팔리지 않는다고 하품 나는 소리나 읊어 댔던 것이다. 그렇게 10년을 낭비했다. 물론 그 덕분에 지금이 있게 된 것이겠지만, 당시 나와 같은 길을 걷던 동료들은 이미 이 바닥에서 사라지고 없다. 자신의 컨설팅에 매력을 입히는 것을 깨닫지 못하고, 홍보의 힘, 인맥의 힘으로 일을 따내던 사람들은 지금 이 시장에서 이름조차 검색되지 않는다.

다행스럽게 나는 10년쯤이 지나면서 본능적으로, 아니 살아 남기 위함이 간절해서인지 '관여도'를 깨우치게 되면서 일이 풀리기 시작했다. 컨설팅에 관여도라는 무기를 장착하면서 설득도 명확해졌고,

식당의 결과물도 드러나기 시작했으며, 사람들이 소문을 듣고 찾아왔다. 내가 찾아가지 않아도 알아서 찾아왔다. 그리고 내가 말을 꺼내기도 전에 컨설팅비를 자진해서 내겠다고 했다. 내가 팔아야 할 상품에 컨셉을 입히니 그런 신기한 일들이 벌어졌고, 그 뒤로 더더욱 포인트가 있는 컨설팅에 매진하게 되었다.

글 쓰는 일이 즐거운 습관이었던 탓에 차곡차곡 하고픈 이야기와 내 생각을 홈페이지(맛있는 창업)에 올렸다. 물론 보는 사람은 없었다. 그래도 올렸다. 언젠가는 이것이 도움이 될 날이 오지 않을까 하는 상상에 올렸고, 남는 시간에는 노느니 염불이라는 마음으로 자료를 만들어 홈페이지에 올렸다.

그렇게 홈페이지에 식당 창업과 장사에 관한 자료를 올린 개수가 세어보니 2만 개가 넘었다. 대단한 숫자였다. 언제 그렇게 많은 자료를 누적했는지 미처 몰랐었다. 1만 시간의 법칙이라고 하던가? 한 가지에 집중하면 저절로 터득이 되고, 전문가로서 입지를 가질 수 있다는 말이다. 그런데 이미 나에겐 2만 개의 자료가 있었다. 1만 시간의 두 배인 자료가 있다는 것을 알게 된 것이다. 그럼, 이걸 팔아보면 어떨까 하는 생각이 들었다.

하지만 인터넷은 공짜의 천국이다. 내가 오피니언 리더만큼의 유명한 사람도 아니고, 실력이 출중하다고 인정받는 사람도 아닌데 내 자료가 돈을 주고 사볼 만큼의 가치를 가졌는지 판단하는 일은 어렵고 무서웠다. 그나마 무료여서 맛창의 글을 봐줬던 기십 명의 사람들에게도 버림을 받으면 그땐 어쩔 것인가 하는 걱정이 더 컸다. 그게 무기는 맞는데, 팔릴 것인가에 대한 확신은 없었다. 반반의 확률도 아니고 이건 '모 아니면 도'였으니 가난한 나에게는 어렵고 어려운 도전이었다.

기나 긴 고민 끝에 기존의 홈페이지에 약간의 장치를 구분해 놓고, 과감히 유료화를 선언했다. 총 20개의 게시판에서 유료회원은 그걸 다 보게 하고, 무료회원은 5개만 보게 했다. 20개 게시판 모두를 무료로 보다가 5개만 보게 된 무료회원들을 감질나도록 만든 것이다. 그 감질이 통했던 것인지, 아니면 시대의 흐름인지, 아니면 진짜 2만 개의 자료가 드디어 빛을 발한 것인지는 모르겠지만 그게 통했다. 내 인생 마지막 오디션이라는 심정으로 날린 비수가 어디쯤인지는 모르지만 떨어지지 않고 꽂힌 것이다. 2년 만에 연회비 350만원을 기꺼이 내는 회원 100명을 만들었으니 말이다.

이제 맛창 홈페이지에 썼던 글 중 '식당의 매력'에 대한 이야기를 시작하려고 한다. 대한민국의 수많은 식당 주인들에게 하고 싶은 이야기를 조금은 정제해서 이야기해 보려 한다. 쪼개어 한 시간씩 3일쯤, 몰아서 3시간 정도면 읽을 수 있는 분량이다. 아주 짧은 시간이지만, 지금까지 생각했던 장사의 습관을 깨면서 매력 있는 식당을 만드는 유익한 시간이 되길 바란다.

이경태소장의
STORY BOARD

신동엽
"신장개업"

정말 식당 컨설팅은 어려웠습니다.
정식 배움도 아니고, 나이가 어리고
사회경험 특히 식당경험이 없으니
아무도 제 말을 들어주지도, 믿어주지도 않았습니다.
그렇게 10년을 훌쩍 지나 어쩌다보니
30대가 다 지나버렸습니다.

신동엽의 신장개업을 보고 막연한 꿈을 꿨습니다.
컨설팅이 뭔지도, 식당장사가 어떤지도 모르면서
호시탐탐 새로운 직업에 대한 꿈을 꿨습니다.

어느날 갑자기!!
관여도라는 것이 와 닿았습니다.

IMF가 기회였습니다.
회사를 그만둘 명분이 없던 28살 가장은
그 덕분에 직장을 잃었습니다.
"기왕 이렇게 된 거, 한번 도전해보면 안될까?"
아내는 불안했지만 어쩔 수 없었습니다.

정말정말 어느날 유레카처럼
사람은 누구나 어떤 결정에 관여를 많이하고
덜하고로 선택한다는 걸! 그게 깨달아지자
막혔던 실타래가 술술 풀렸습니다.
왜 똑같은 음식을 파는 식당인데 잘되고,
못되고가 정리되었습니다.

사주를 잘 보는 이모가
"40살부터는 먹고살만해 질거야"라고 했습니다.
39살, 대전에서 남양주로 이사와 손에 쥔
전 재산이 300만원이었는데
30만원으로 마석 가구단지에 침대를
사러 갔다 망신을 당했었는데
정말 기적처럼 40살이 되면서
찾는 사람이, 일이 마구 들어왔습니다.

퇴사 후 1년 내내 책을 팠습니다.
서점에 나온 식당책, 컨설팅책은 모조리 읽어치웠습니다.
PC통신으로 통신비와 유료질문을 해가면서 1년을 통째 투자했습니다.
살림은 빌리고 꾼 돈으로 해결, 그렇게 정보를 파고 정리했습니다.

나름의 치밀한? 준비를 마치고
점포닥터라는 홈페이지를 만들었습니다.

30만원을 주고 사업을 할? 인터넷 공간을 준비했습니다.
아무도 들어오지 않고, 아무런 질문도 없는 사이트로
하루하루를 보냈습니다. 수입은 없고, 생활고는 깊었지만
정말 이 길을 가고 싶었습니다.

29살에 시작해 30대를 온전히 가난과 싸웠는데
갑자기 부자가 되었습니다.

남편이 돈벌이도 안되는 일에 매달리자
아내가 일을 했습니다.
방문판매 책 외판원도 했고, 백화점에서 옷도 팔았습니다.
식당서빙, 주방보조 게다가
한겨울 길거리에서 붕어빵 팔기도 했습니다.
그렇게 번 돈 100원원을 시어머니에게 드리고
용돈 10만원을 받아 썼습니다.

39살에 전재산 300만원,
그래서 그보다 많으면 부자였습니다.
죽고 싶었던 두번과 그만두어야겠다
수십번째를 견디자 꽃이 피었습니다.
정말로 더이상은 인생을 낭비하는거라며
포기를 친구하고 싶었습니다.

포기하고 싶을 때가 바로 임계점이 코앞이라고 합니다.
거기서 포기를 친구하면 인생은 헛수고, 그놈을 떨궈내면 성공이라고 합니다.
29살에 시작해 21년을 지나, 저는 이제 50살이 되었습니다.
30대의 십년은 처절한 가난으로 외로웠지만
40대의 십년은 이렇게 행복해도 되는 걸까?였습니다.
그래서 맛창은 욕심을 내지 않습니다.
그래서 맛창은 유명세나 주목은 필요치 않습니다.

진짜 장사꾼, 100여개의 맛창식당이면 충분합니다.
사랑합니다. 경자파 여러분 ~~

http://www.jumpo119.biz

맛창 식당의
매출을 공개합니다

50대 중반에 대기업 부장으로 퇴직을 하고, 중소기업에서 상무와 전무로 일을 하다 든든한 아내를 믿고 식당을 차리기로 결정했다. 오랫동안 비어 있던 동네 뒷골목이라 월세는 겨우 100만원이었다. 최선을 다해 인테리어를 하고, 전국을 이 잡듯 뒤져 꽃게를 찾았다. 게장집의 꽃게가 허술해서는 근본이 무너진다는 것을 알았기에 게장 만들기보다 꽃게 공급처를 신중하게 찾았다. 그렇게 수개월을 공부하고 준비해서 2017년 11월 겨울 문을 열었지만 손님은 없었다.

그 나이에 동물 탈을 쓰고 거리에 나가 홍보를 했고, 잘못 담근 게장은 가차없이 버렸다. 적자임에도 과감히 버렸다. 그런 스토리가 나중에 매력 있는 식당이 되리라 믿었기에 말이다. 그렇게 고난한 6개월이 지나자 4천의 매출을 넘어서기 시작했다. 그렇게 넘어선 4천은

5천과 6천을 오르내렸고 방송에서 가수 화사가 간장게장을 먹어준 그해 8월에는 400만원이 모자란 1억을 찍고야 말았다.

그 후 정말 매력 있는 간장게장집을 만들기 위해 투톱 메뉴였던 갈비를 버렸다. 대신 간장게장만 있던 메뉴에 양념게장을 보탰다. 선택지를 좁히면서 더 전문화를 결정한 셈이다. 대부분의 식당이 매출이 좋아지면 이종결합(전혀 새로운 메뉴의 추가)으로 더 많은 손님을 갖겠다고 모색하는데, '오늘부터애간장'은 반대로 오직 게장을 좋아하는 손님만 찾는 집으로 매력의 깊이에 집중했다. 그런 집중 덕분에 매출은 늘 안정적인 7~8천을 유지했고, 2020년 5월에는 200만원이 모자란 1억을 달성하고야 말았다.

그뿐이 아니다. 더 깊은 매력을 장착하고자 2020년 6월부터 주 5일 문을 여는 식당을 선포했다. 돈보다는 삶의 질을 선택한 것이다. 일주일에 하루 쉬는 자영업과 이틀을 연달아 쉬는 자영업은 하늘과 땅 차이다. 그걸 해냈다. 그런 매력적인 식당이 '오늘부터애간장'이다.

2019년 상반기 매출		2020년 상반기 매출	
매출월	총매출	매출월	총매출
1월	65,461,000	1월	72,856,000
2월	59,783,000	2월	63,793,500
3월	68,549,000	3월	62,705,000
4월	54,946,000	4월	79,804,000
5월	70,701,000	5월	98,240,050

****

양식 쉐프가 한식당을 차렸다. 대기업에서 일하던 쉐프가, 싱가포르까지 가서 솜씨를 부리던 양식 쉐프가 광주 번화가도 아닌 작은 동네에 국밥집을 차렸다. 이유는 간단했다. 양식을 팔기엔 가게를 꾸밀 돈이 없어서 한식을 선택할 수밖에 없었다. 학창시절 알바를 했던 식당 사장님이 당시 국밥을 팔았고, 공짜로 배울 수 있는 한식이 그거여서 그거 하나 배워 국밥집을 차렸다.

30평쯤이었지만, 전 재산을 모두 투자한 국밥집은 쉐프였던 주인의 생각과 달리 연명도 버거웠다. 월 매출액은 1,000만원(하루 30만원)이 채 되지 않았다. 그렇게 낙담이 일과가 되던 어느 날, 옆 가게 '탱고아구찜'이 컨설팅을 받고 손님들 줄 세우는 것을 보고 '맛창(맛있는 창업)'의 문을 두드렸다. 2017년 10월의 일이다. 그리고 매출이 올라 1,000만원을 훌쩍 넘어섰지만 웃을 만큼은 되지 못했다. 하지만 다행히 매출은 꾸준히 상승하고 있었다.

어느 정도 안정이 되고, 매출도 한 달에 100만원씩 꾸준히 상승을 해가던 어느 날, 보다 확실한 매력을 가진 식당을 차리고 싶어졌다. 국밥집을 무권리로 넘기고 인생을 건 도박을 단행했다. 매력 있는 식당은 반드시 살아난다는 확신이 있어서였다.

두 달의 준비 끝에 돌짜장 하나만 파는 식당을 차렸다. 간절함이 통했던 건지 다행히 차리자마자 매출은 2천을 넘겼다. 그것도 저녁 6시에 문을 닫고, 길에서는 가게 간판이 보이지도 않는데 말이다. 전 재산을 걸었던 국밥집은 월 1,000만원을 넘기는데 1년이 넘었지만, 목숨을 걸었던 돌짜장집은 차리자마자 2천을 찍고, 3천을 넘어서는 데 불과 6개월밖에 걸리지 않았다.

매력을 가진 식당을 만드는데 모든 것을 걸었다. 당장의 이익에 연연하지 않았다. 매출이 오른다고 좋아하지도 않았고, 수익이 늘었다고 나태하지도 않았다. 짧은 영업시간을 보답하는 일은 쾌적한 서비스라고 생각해 직원을 넉넉히 채용했고, 돌짜장 한 가지 메뉴이지만 최고가 되보자고 매일같이 맛을 개선하기 위해 노력했다. 그 결과 1년 반을 넘기자 5천을 넘는 일상이 현실이 되었다. 그것도 6시에 문을 닫고 칼퇴근을 하면서 말이다. 그게 '남쪽마을돌짜장'이다.

〈남일국밥〉 2017년 상반기 매출		〈남쪽마을돌짜장〉 2020년 상반기 매출	
매출월	총매출	매출월	총매출
1월	7,934,500	1월	38,651,000
2월	9,352,000	2월	51,387,000
3월	8,589,500	3월	54,162,000
4월	9,536,000	4월	57,230,000
5월	8,981,500	5월	54,243,500
6월	9,851,500	6월	49,186,500

****

   2011년, 우연히 방문한 쌍문동의 작은 초밥집에서 큰 충격을 받았다. 15평도 안 되는 작은 식당에서 하루 300만원을 넘게 파는 광경을 목격했던 탓이다. 그래서 바로 초밥집 기획안을 만들어 당시 창업을 준비하는 몇몇에게 초밥집을 제안했고, 그해 연신내에 첫 초밥집을 만들게 되었다. 연신내 초밥집이 대박을 친 후 2012년부터는 효자동, 영등포, 한양대, 대구 동성로까지 꾸준하게 초밥집을 만들었고, 2014년 분당 정자동에도 초밥집을 오픈했다. 당시 서현역에서 9평짜리 우동집을 하던 점주였는데, 그 자리는 가게가 너무 작아 뭔가를 도모할 수 없었기에 그대로 두고 정자동에 새로운 식당을 여는 결정을 내렸다.

   하지만 이미 캐주얼 초밥집이 많이 알려진 탓이었을까, 정자동 초밥집의 매출은 처참했다. 2014년 7월 오픈 첫 달의 매출은 하루 평균 7~8만원이었다. 이미 맛창에서 성공한 초밥집들이 여럿이었던 탓에 그 충격은 더 컸다. 그러나 주저앉지 않았다. 매력이 있는 식당은 반드시 손님이 알아준다는 것을 믿었던 탓이다. 그런 탓에 장사가 안 되는 초밥집의 답습을 거부하고, 오직 초밥으로만 승부하기로 했다. 심지어 그나마 매출을 올려주던 사시미도 메뉴를 줄였다. 그렇게 오픈 초기 하루에 서너 테이블이 전부였던 초밥집은 서너 달 후 월 3천을 넘기며 숨통을 틔우기는 했지만, 초밥집은 인건비 탓에 6

천은 팔아야 본전인 아이템인지라 적자는 1년을 넘게 견뎌야 했다.

그렇게 2015년 12월 처음으로 6천을 넘자 가게는 안정화가 되었다. 곧이어 8천과 9천을 넘나들더니 2017년 3월에 기어이 1억 매출을 넘어서고야 말았다. 겨우 20평 규모에서 말이다. 더 고무적인 것은 서현역의 9평 우동집도 초밥집으로 바꿔, 9평짜리 공간에서 월 매출 8천을 넘나드는 결과를 만들어 낸 것이었다. 그 서현점은 지금 지인에게 넘겨 여전히 그 매출을 유지하고 있고, 정자동도 1년에 한두 번 1억을 넘기도 하며, 평균 8천의 매출은 유지하고 있다.

이렇게 정자동 '스시생선가게'는 매력적인 초밥집으로, 캐주얼 초밥집 시장이 끝물인 지금의 상황에서도 버젓이 롱런의 준비를 끝마친지 오래다.

2014년 하반기 매출		2020년 상반기 매출	
매출월	총매출	매출월	총매출
7월	1,240,500	1월	73,832,800
8월	20,605,300	2월	62,304,600
9월	24,540,300	3월	71,077,300
10월	35,452,700	4월	87,346,400
11월	36,079,300	5월	107,097,400
12월	38,748,700	6월	79,690,700

****

4년을 아구찜을 팔았다고 한다. 그런데 도통 매출이 오르지 않아 너무 힘들다며 맛창의 문을 두드렸다. 맛창의 가입비용도 아내를 어렵게 설득해 낼 수 있었다고 했다. 4년이나 된 아구찜집의 월 평균 매출액은 2천이었다. 먹고살지 못할 액수는 아니었지만, 부부 둘이 열심히 일하면서 딱 인건비를 건지는 정도였다. 그러나 내일은 걱정 투성이어서 새로운 도전을 시도한 것이다. 그렇게 매력 있는 식당이 되는 코칭을 받고, 그것을 하나씩 실천해 나갔다.

월 2천이 최고점이었던 매출은 식당에 새로운 매력을 입히자 눈에 띄게 달라졌다. '하루에 100만원을 파는 날이 많았으면 좋겠다'가 꿈이었는데 불과 서너 달 만에 하루에 100만원을 못파는 날이 세어질 정도로 달라졌다. 그렇게 불과 한 달 만에 3천을 넘어섰고, 2월에 매력을 입힌 식당이 8월에는 4천을 넘어섰다. 두 배의 매출을 겨우 6개월 만에 달성한 것이다. 2천을 팔 때는 3천이면 바랄 게 없었는데 4천을 넘어서자 5천을 해내고 싶었다. 실제 6개월 뒤 5천을 넘겼고, 거기서 또 6개월이 지나자 6천을 넘어섰다. 그렇게 맛창식으로 식당에 매력을 입힌 지 2년쯤 되어가자 3배의 매출로 뛴 것이다.

이제는 대전에서 '도레미아구찜'을 모르는 사람이 없을 정도로 입소문이 돌았다. 하지만 실제 아구찜 맛은 전과 달라진 것이 없었다. 다르게 만들 실력도 없었고, 맛은 식당에서 30%쯤의 역할만 한다는

맛창 식당, 이유 있는 성공의 비밀
●

멘토의 말을 믿었기에 맛보다는 상차림에 매력을 입히려고 노력을 한 결과이다. 콩나물찜이 아닌 아구찜, 진짜로 아구가 푸짐한 아구찜, 인원수 주문을 먼저 거절하는 식당, 4명이 小자를 시키면 오히려 양이 모자랄까 小자의 값에 中자의 양을 내어주는 인심을 장사의 기술로 사용했다.

그 결과 코로나19가 한창이던 2020년 5월에 9천에서 200만원이 빠지는 8,800만원을 찍을 수 있었다. 겨우 2천의 매출로 하루가 암담하던 식당이, 매력을 채우자 감히 1억을 목표로 하는 식당이 된 것이다. '도레미아구찜'은 그렇게 대전에서 아구찜으로는 최고의 검색량을 보여주는 동네 식당이 되었다.

2018년 하반기 매출		2020년 상반기 매출	
매출월	총매출	매출월	총매출
8월	42,393,000	1월	59,348,000
9월	40,909,000	2월	60,117,000
10월	38,112,000	3월	57,775,000
11월	38,100,000	4월	67,973,000
12월	41,341,000	5월	88,168,000

****

　감자탕집에서 식당 일을 배우고, 고깃집으로 옮겨 점장을 하다가 직영점을 인수받아 식당 사장이 되었다. 그러나 같은 자리, 같은 식당이었지만 매출은 계속 떨어졌다. 온갖 마케팅과 기교를 써서 근근이 버텨나갔다. 매력이 전혀 없지 않았던 탓에 손님은 제법이었지만 거기가 한계였다. 진짜 매력을 가진 식당을 차리고 싶었다. 70평에서 고기 팔아 겨우 3~4천을 파는 식당은 더 이상 하고 싶지 않았다.

　그래서 맛창을 만난 후 과감히 고깃집을 접고, 가든으로 나가 닭갈빗집을 차렸다. 오직 닭갈비 한 가지만 판다. 심지어 막국수도 팔지 않는다. 매운맛, 덜 매운맛도 없다. 고명을 추가한 해물닭갈비 같은 것도 팔지 않았다. 계륵이 아닌 오직 푸짐한 닭갈비 하나로 승부했고, 거기에 모든 매력을 입혔다. 2인분 같은 1인분이 농담이 아니라, 진짜 4명에게 2인분을 권하는 식당이 되었다. 워낙 닭갈비 양이 많다 보니 고기 사리 추가는 거의 없다. 이렇게 팔아서 어떻게 돈을 버냐는 주변의 훈수는 주인을 오히려 독하게 만들었다.

　장사는 회전수고, 장사는 늘어나는 손님 수, 테이블 수여야 한다. 절대 객단가, 테이블 단가가 높다고 좋은 게 아니라는 멘토의 가르침을 잊지 않았다. 그렇게 한 가지만 팔면서, 인원수 주문이 아닌 원하는 주문을 손님 눈높이에 맞추다 보니 장사는 시작부터 좋았다. 도심에서 많은 권리금을 주고 얻은 70평짜리 고깃집은 8년을 해도

맛창 식당, 이유 있는 성공의 비밀

4천쯤이 전부였는데, 오랫동안 비어있던 30평짜리 가든 식당은 닭갈비 한 가지 메뉴, 1인분 13,000원 그거 하나로 6개월 만에 3천을 넘어섰다. 그리고 자리를 잡아가자 평균 4천을 유지하고 있다. 더 중요한 것은 매출이 점점 늘어날 것이 확실하다는 점이다. 멀리서도 찾아와 주는 손님의 반응이 증거다.

좋은 장사는 '단골의 거리가 멀수록'이고, 신나는 장사는 '단골의 재방문 시기'라고 멘토는 말한다. 그에 딱 맞는 식당이 바로 '가창닭갈비'다. 겨우 평균 4천의 매출이 뭐 그리 대수냐고 할는지 모른다. 그 말이 맞을 수도 있다. 하지만 '가창닭갈비'처럼 아무도 거들떠보지 않아 비어 있던 가게를 인수해 차려 그리 판다면, 창업비용을 겨우 8천쯤 들이고도 월 4천을 척척 팔아낸다면 그 말은 어울리지 않는다. 저녁 8시면 손님을 돌려 보내는 그 영업시간으로 그만큼을 팔아낸다면 얼마든지 무시당해도 좋다.

2019년 상반기 매출		2020년 상반기 매출	
매출월	총매출	매출월	총매출
1월	35,553,500	1월	35,798,000
2월	32,088,500	2월	30,913,500
3월	40,881,000	3월	29,770,000
4월	37,624,500	4월	41,531,500
5월	38,372,000	5월	53,433,000
6월	41,569,500	6월	51,476,500

게임회사 CEO였다. 그것도 100억짜리 게임을 만드는 회사의 대표를 지냈다. 그런데 그 일이 지루해졌다. 작은 가게, 작은 식당이 하고 싶었다. 그래서 자발적으로 회사를 나와 동생의 20평 식당에서 아내와 함께 일을 배웠다. 40대 후반에 식당을 직업으로 선택한 것이다. 그렇게 식당 일을 2년쯤 익히고, 동탄에 작은 식당을 차렸다. 부대찌개와 닭갈비 두 가지만 파는 집이었다.

동탄의 그곳은 한때 번성했으나 지금은 상권이 다소 쇠락한 곳이라 손님은 많지 않았다. 그래서 한 번 온 손님을 또 오게끔 해야만 살아남는다는 것을 알고 있었기에 최선을 다해 친절함을 전했고, 최대한 넉넉하게 인심을 베풀었다. 그런 노력을 인정받아 동탄 맘 카페에서 친절한 식당으로 소문이 날 수 있었다.

맛있는 식당은 때로는 쉽게 도달하지만, 친절한 식당은 여간해서는 달성하기 어려운데 그것을 해낸 것이다. 그러나 손님의 좋은 반응과 식당의 하루 매출 사이에는 넘지 못할 현실의 벽이 있었다. 이상하게 반응만큼 매출은 확 오르지 않았다. 그래서 자영업이 참 어렵고, 임계점까지 가는 길이 쉽지 않다는 걸 확인할 수 있었다.

1년이 지나도 손님들의 평가와 반응에 비해 매출은 늘 그 자리였다. 그러나 낙담하지 않았다. 100억 게임을 주무르던 회사의 대표 자리를 스스로 박찼을 정도로 식당 일이 좋았고, 남김없이 먹어주는 손님들, "이렇게 주고도 남아요?"라고 걱정해 주는 손님들 덕분에 자포할 수는 없었다. 매출을 올리겠다고 손님들이 찾는 뜬금없는 메뉴를 끼워 넣지 않았고, 매출을 어떡하든 올리겠다고 할인 이벤트로 손님을 유인하는 일도 하지 않았다.

그렇게 식당이 할 수 있는 정직과 신용을 계속 팔았다. 그러자 1년 하고 2개월이 지나 5천 가까운 매출이 찍혔고, 이제부터는 4천은 얼마든지 팔아낼 수 있는 강단이 생겼다. 무엇보다 1년을 넘게 한결같은 태도로 장사를 하니 진짜 팬들이 늘어나며 자신감도 생겼다. 근처 주민만이 아니라 먼 거리 지역 사람들도 일부러 찾아오는 식당이 되었다. 그래서 내 일이 기다려지고 출근이 즐거운 식당이 되었다. 바로 동탄 '노작골부대찌개' 이야기다.

2019년 상반기 매출		2020년 상반기 매출	
매출월	총매출	매출월	총매출
2월	320,000	2월	27,503,500
3월	16,068,000	3월	23,701,000
4월	20,717,500	4월	46,789,000
5월	22,191,000	5월	38,650,000

Part 1

매력 있는
식당의 조건

 재방문

식당을 하는 사람들의 목표(올바른 방향)는 재방문이다. 한 번 온 손님을 또 오게 해야 하는 일이 전부다. 거기에 모든 것을 쏟아야 한다. 홍보 덕분에 속도가 빨라도 헛수고다. 기본이 엉터리면 내리막은 반드시 찾아오기 때문이다.

가게를 팔고 먹튀 할 계획이 아니라면 홍보의 속도가 아니라 '가성비의 방향'을 제대로 잡아야 한다. 그게 식당을 선택하고, 식당을 하고 있는 당신이 제일 믿고 따를 일이다.

02 평생공부

　자식들에게는 하루 종일 공부 타령이다. 그러나 엄마 아빠는 인생을 건 도전을 하면서 그 어떤 공부도 제대로 하지 않는다. 이 책을 보는 수고라도 하는 사람은 귀하고 귀하다. 책은 고사하고 자신이 차리고자 하는 아이템을 파는 선배 식당들 열 곳도 가보지 않는다. 돈이 좀 있으면 체인 아이템을 쇼핑하듯 고르고, 돈이 없으면 주먹구구식으로 일단 차리고 어떻게든 되겠지 하는 식이다.

　공부할 거리는 널리고 널렸다. 인터넷 클릭도 필요 없다. 손안의 핸드폰으로도 얼마든지 좋은 장사의 팁을 배울 수 있다. 그런데 안 한다. 그래서 망한다. 힘도 못 써보고 망한다. 그렇게 망하고, 또 작게 시작한다. 마땅히 할 게 없으니 그만두지도 못하고 또 식당을 한다. 왜 망했는지도 모르고 또다시 차리는 식당이 온전할 것인가?

03 지피지기

가게가 작은데 비싼 한우를 팔겠다고 하면 팔릴까? 인테리어도 보잘것없이 열악한데 점심으로 2만원을 달라면 줄 것인가? 음식 솜씨는 집에서가 전부인데 한정식에 도전해 어쩌자는 건가?

상황에 어울리는 복장이어야 대접을 받고, 곳간에 있는 만큼만 자랑해야 부러움도 얻는다. 실력도 없고 능력도 없고 눈썰미도 없으면서 자신의 생각대로 식당을 운영하는 곳에 제값을 지불하고 먹어줄 손님이 있을 리 없다. 그래서 망하는 거다. 이유는 그뿐이다.

'지기'를 하지 않았으니 '지피'도 할 수가 없어 망하는 거다.

04 가족

아내가 힘든 건 남편 탓이다. 남편이 벌이를 제대로 못해 아내가 벌어야 하는 것이다.

식당을 차리자고 남편이 말하고 아내는 말린다. 그러나 결국은 남편의 뜻대로 식당이 차려지고, 차리자마자 남편은 너무도 다른 현실의 벽에 쉽게 무너지고 그 수습은 이제 아내의 몫이 된다. 어느덧 남편은 그저 카운터를 지키는 게 편하고, 아내는 주방부터 홀까지 종종거려야 한다. 자신은 전혀 원치 않았는데 한시도 손에 물이 마를 날이 없다.

대한민국 식당 열에 절반은 딱 이 모습이다. 장사가 힘들다고 컨설팅을 신청했던 식당 대부분이 그랬으니 말이다. 그래서 남자의 객기로 식당에 도전해서는 안 된다. 절대다. 아내가 응원하는 창업이어야 한다. 아니면, 아내를 식당에 끌어들이지 않아도 되는 자금이 있을 때여야 한다.

05 연봉 1억

식당으로 500만원 벌이도 힘든데 대부분의 목표치는 1,000만원이다. 1년이면 1억이 넘는다. 회사에서 연봉 1억을 받으려면 유학도 다녀왔어야 할 테고, 중견기업에서 임원은 되어야 가능한데, 어쩌면 겨우일 수도 있는 식당을 차리면서 연봉 1억을 꿈꾼다. 그것도 공부도 없이 말이다. 꿈만 크고 노력은 하지 않으니 결과가 나올 리 없다. 방향도 틀린데 속도로만 도달하려니 제풀에 쓰러질 뿐이다.

물론 식당으로 연봉 1억은 충분히 가능하다. 수억을 투자한 역세권 입지가 아니라도 가능하다. 마을은커녕, 관광객도 지나다니지 않는 벌판에 차린 식당이 하루 4시간만의 영업으로도 연봉 1억을 벌고 있다. 식당은 그런 매력과 가치가 있다. 단, 식당 공부라고는 책 한 권도 읽지 않는 사람들과는 인연이 없을 뿐이다.

06 매력

매력이 있어야 한다. 식당 역시다. 그게 부디 인테리어만이라고 착각하지 말아야 한다. 그게 예쁜 메뉴판, 예쁜 그릇이라고 오해하지 말아야 한다. 최고의 맛내기로 매력을 담아보겠다는 발상도 금물이다. 그런 건 되도 않는다. 먹는 사람에 따라 맛은 천상이 되기도 하고, 지옥의 쓴맛이기도 한 탓이다.

매력이 있는 식당은 손님이 말 걸고 싶어진다. 손님이 친구 하자고 먼저 손을 내밀고 싶어진다. 손님으로 살면서 그런 식당이 많지는 않을 것이다. 당연하다. 대한민국엔 인구 70명당 식당이 하나지만, 매력적인 식당은 인구 7,000명당 1개가 전부여서인 탓이다. 하지만 다행히 식당의 매력은 이 책을 통해 하나씩 확인될 것이다.

07 강점

좋은 자리가 장점은 될 수 있겠지만, 강점까지는 아니다. 멋진 인테리어가 장점은 되겠지만, 압도적인 강점은 한시적일 뿐이다. 훌륭한 쉐프가 무기가 될테지만, 손님은 언제까지나 맛 하나에 값을 지불하지 않는다. 멋진 서비스도 특별한 장점은 분명하지만, 마음을 주고받는 진짜와는 확연히 구분된다.

그래서 식당은 손바닥만한 열 평짜리가 거대한 수백 평을 이기기도 하고, 허름한 선술집이 화려한 체인점을 이기기도 하는 것이다. 장점은 장점일 뿐이다. 강점과는 다르다. 손님이 알아서 찾아오게끔 하는 강점을 가져야 한다. 장점은 돈으로 얼추 해결이 되지만, 강점은 확고한 방향과 깨우침이 있어야 한다.

08 마인드

"할 거 없으면 식당이나 하지"라고 말한다. 그런 사람은 결단코 식당으로 성공할 수 없다. 세상이 그렇게 만만치 않기 때문이다. 그게 그렇게 대충해서 될 거라면, 가난을 친구할 사람은 없다. 모두가 중산층이 될 것이다.

돈을 많이 벌기 위한 카드로 식당에 도전해야 한다. 충분히 가능하다. 대한민국은 70명 인구당 식당이 하나지만, 매력이 있는 식당 또 가고픈 식당은 손에 꼽을 정도다. 우선 동네만 생각해 보자. 과연 오래된 친구를 돈값 하는 곳으로 데려갈 만한 식당이 얼마나 있는지 따져보면 금세다. 그래서 식당은 '할 거 없으면 하지 뭐'라는 사람에게는 지옥 같은 레드오션이고, 진짜 '식당으로 돈을 벌고야 말 거야'라고 작정한 사람에게는 1억으로 식당을 차려도, 연봉 1억이 가능한 현실이 된다. 맛창 식당의 3할은 연봉 1억이 넘는다. 그들의 창업비용은 겨우 1억 남짓이었지만 말이다.

09 스토리

스토리 싸움이다. 스토리가 있는 사람은 아무래도 한 번쯤 더 보게 된다. 그 스토리가 독특하거나 아플수록 감동의 크기는 배가 된다. 그래서 내가 만드는 식당에도 스토리를 입히는 일이 어느덧 주가 되었다. 간판에도 스토리, 메뉴판에도 스토리, 배너에도 스토리를 입혀낸다. 그래야 눈에 더 띈다는 것을 잘 알기 때문이다.

손님은 주인이 직접 다가와 말 거는 것을 거북해 한다. 그러나 주인이 어떤 사람인지는 궁금하다. 그것을 중간에서 풀어주는 것이 바로 스토리다.

이제는 손님도 식당의 맛을 떠나서, 그 음식의 스토리에 궁금증을 갖는다. 왜 메뉴는 한 가지만 파는지, 왜 하루에 4시간만 영업하는지, 왜 이런 곳에 차렸는지가 궁금하다. 그래서 그걸 설명하는 것이 맛보다 중요한 것이다.

10 임계점

실패하는 사람들은 임계점이라는 걸 잘 모른다. 그 고비를 넘기면 물이 끓는데, 그래야 열매를 따는데 대부분은 그 앞에서 주저앉는다. 성공한 사람들이 말하는 공통점 중 하나가 '이제 정말 여기까지 해서도 안 되면 포기하자고 맘먹고 마지막으로 죽을 힘을 짜내었더니 임계점을 넘어섰을 뿐'이라고 한다. 나 역시다. 1999년에 시작한 컨설팅을 직업으로 간당간당 연명하다 2012년에 '관여도'로 승부수를 띄웠고, 그게 지금을 있게 만들어 줬다. 임계점이 되는데 무려 13년이 걸린 셈이다.

그걸 그저 시간으로 버텨내려고 했다면 못했을 거다. 아무리 어쩌다 보니라고 해도 그건 그럴 수 없다. 13년을 채워온 2만 개의 자료가 있었기에 가능했던 일이다. 준비가 된 사람이 아니면, 시간은 사실 그 어떤 도움도 되지 못한다. 그저 낭비의 시간만 있을 뿐이다.

Part 2

손님이 없는 이유는
매력이 없기 때문이다

컨설팅이랍시고 십 년쯤을 연명으로 지나자 어느 날 '관여도'라는 것이 유레카처럼 찾아왔다. 사람들은 소비를 결정할 때 생각, 고민, 염려를 상황에 따라 다르게 한다는 것을 알게 된 것이다. 소비의 액수가 클수록, 소비의 빈도수가 적을수록 그 관여는 깊어진다는 사실을 알게 되었다. 그러자 모든 일들이 거짓말처럼 술술 풀렸다.

어떤 입지를 선택해야 하고, 어떤 분위기를 갖춰야 하고, 어떤 메뉴를 취급하는 것이 좋은지를 단번에 깨닫게 되었고, 그걸 적용하기 시작했다. 그러자 그전에는 단 한 번도 해내지 못했던 승률 8할을 단숨에 달성해 버렸다.

그 관여도를 단박에 이해하기는 힘들다. 아니, 충분히 이해될 수 있지만 조금 더 안전하고 단단한 이해를 위해 여기 Part 2에서는 기존 식당의 문제점이 무엇인지를 아주 투박하게 설명해 볼까 한다. 이미 손님으로서 고수인 당신도 충분히 알고 있던 내용일 것이다. 그걸 관여도로 접목하지 못했을 뿐이다.

맛?〈맛창스럽다!

대한민국엔 **3가지 형태의 식당**이 있습니다.

70%쯤의
개인식당

30%쯤의
체인식당

맛 있는 창업

0.001%
맛창식당

http://www.jumpo119.biz

이경태의
맛있는 창업

맛창스럽다.는
신뢰해도 좋은 식당의 동의어
맛창답다.는
음식값이 아깝지 않음을 뜻합니다.

1

당신이 가는 회덮밥집은 회가 많은가?

　입맛이 없을 때는 간혹 회덮밥이 생각난다. 두툼한 회를 채소와 함께 초고추장에 비벼 먹는 상큼한 맛이 당길 때가 있다. 그런데 막상 갈만한 회덮밥집을 떠올리면 곧바로 자신이 없어진다. 먹을 만한 회덮밥집이 전혀 생각이 나지 않아서다. 자주 가는 횟집의 회덮밥도 생각해 보면 그냥 그렇다. 회를 먹다가 어쩌다 회덮밥을 먹은 기억은 있는데, 만족스러웠던 적은 없었다. 가격이 저렴한 체인 회덮밥집도 가격만큼 실제는 먹을 만하지 않다. 회덮밥을 시켰는데 결국엔 채소 비빔밥을 먹었던 경험이 떠올라, 결국 다른 메뉴를 선택하게 된다.

　이게 바로 횟집에서 회덮밥이 팔리지 않는 이유다. 횟집에서 회가 아닌 식사 메뉴로 가장 우선될 수 있는 것이 회덮밥이다. 그런데 실상은 잘 팔리지 않는다. 그래서 가격을 낮춰서도 팔아보지만 역시나다. 그 이유는 자명하다. 손님은 가격을 떠나 회가 듬뿍인 회덮밥을 먹고 싶어 한다. 마지막 밥 한 숟가락까지 회를 얹어서 먹는 회덮밥을 기대하는 것이다. 그런데 횟집은 그걸 간과한다. 양은 푸짐한데 회는 세어야 한다. 뒤적이며 찾아야 한다. 결국 회덮밥을 잘 먹는 방법은 공깃밥의 양을 덜어내는 길뿐이다. 한 공기를 다 넣고 비벼서는 만족할 만한 회의 양이 아니라서, 밥을 덜어내는 묘책을 써야만 그게 가능해진다. 그게 싫으면 채소 비빔밥을 당연시하고 먹어야 한다.

■
그럼, 회덮밥을 어떻게 팔아야 하는가?

간단하다. 회의 양을 많이 넣으면 된다. 그래서 올라가는 원가는 판매가격에 포함시키면 된다. 팔리게 하려고 가격을 싸게 매겨서는 안 된다. 가격을 싸게 매겨서는 재료를 제대로 넣어 줄 수 없다. 재료가 부실하면 싸게 먹었더라도 재방문은 하지 않는다. 다음에 팔리지 않을 메뉴가 싸다고 팔릴 리 없다. 이 단순한 원리를 깨우치지 못하니 항상 그 모양이다. 가격이 비싸도 팔릴 수 있다. 8,000원짜리 회덮밥을 2만원 받으라는 소리가 아니다. 8,000원에 팔지 말고 1만원 정도로 팔라는 소리다. 그 정도는 사 먹는다. 회덮밥을 제대로 먹고 싶은 손님에게는 얼마든지 다가갈 수 있는 가격이다.

여기서 계산을 잘해야 한다. 1만원으로 판매가를 올리고 거기서 30%인 3,000원을 재료원가로 따지면 그 식당은 여전히 회덮밥을 팔지 못할 것이다. 현재 8,000원에 팔고 있는 회덮밥을 기준으로 해야 한다. 이건 엄청난 비밀이다. 그러니 진짜 눈 크게 뜨고 읽어야 한다.

8,000원일 때 회덮밥 생선의 원가가 2,000원쯤이라고 치자. 거기에 500원은 채소 원가이고, 공깃밥 원가는 500원이라고 하면 8,000원짜리 회덮밥의 원가는 3,000원 정도이다. 이제 여기서 가격을 8,000원에서 1만원으로 올린다면 이때 발생한 차액 2,000원은 주인 것이 아니라 손님 것으로 정해야 한다. 8,000원에 팔던 회덮밥이 팔리지 않아서 가격을 올린 것이다. 내가 갖자고 가격을 올린 것이 아니라, 팔리게끔 하자고 가격을 올린 2,000원이다. 이제 그 2,000원을 어디에 쓸 것인가? 바로 생선에 쓰는 것이다. 채소는 더 이상 푸짐하지 않아도 충분하다. 공깃밥도 양이 더 많지 않아야 한다. 그럼, 생선회 원가가 2,000원에서 4,000원으로 두 배가 되는 것이다.

철수는 8,000원으로 생선회가 2,000원어치 들어간 회덮밥을 먹었다. 영희는 1만원으로 생선회가 4,000원어치 들어간 회덮밥을 먹었다. 자, 누가 더 만족할 것인가? 누가 또 갈 것인가? 누가 친구를 새로 데리고 갈 것인가?

주인의 입장에서 셈을 해보자. 이런 식으로 원가를 매기면 '가성비'라는 놈은 금새 코앞에 와있음을 느끼게 될 것이다. 8,000원으로 팔아서 5,000원이 남았다. 1만원에 팔아서도 남은 이익금은 5,000원으로 똑같다. 그럼, 더 비싸게 팔았는데 남은 액수가 똑같으니 식당이 손해일까? 마진율 50%라서 못할 장사를 한 셈인가? 아니다. 8,000원짜리 회덮밥은 하루에 10개도 팔리지 않았던 것이다. 그건 회덮밥이 아니라 채소덮밥이기 때문이다. 그러나 1만원짜리 회덮밥은 하루에 20개, 30개가 팔릴 것이다. 분명히 8,000원짜리 회덮밥보다는 훨씬 더 잘 팔릴 것이다. 게다가 내일이 기다려진다.

"소문 듣고 왔어요. 여기 회 양이 많다고 소문이 났길래요."

이것과 기어이 재료원가 35%와 바꾸고 싶은가? 팔리지도 않는 원가 35%를 고수하고 싶은가?

■
"회덮밥에 부대찌개가 반찬"

회덮밥집에서 컨설팅 문의가 왔다. 회덮밥에 회가 많은 집이었다. 그러니 회의 양을 더 주라고 할 까닭이 없었다. 그래서 전혀 상상하지 못했던 반찬을 접목하는 컨셉을 적용했다. 특별한 반찬을 접목하면 한 그릇 음식도 인원수대로 팔지 않아도 되는 효과를 만들어 낼수 있다. 꼭 동태탕, 부대찌개만 1인분 덜 주문하라고 권장을 할 수 있는 게 아니다. 이렇게 회덮밥으로도 3명은 2인분, 4명은 3인분 주문을 권할 수 있다. 모든 동석자가 다 회덮밥이 먹고 싶다면 땡큐다. 그럼, 부대찌개 반찬은 포장으로 선물하면 되니 말이다. 손님도 좋고, 식당도 좋다. 이런 게 진짜 윈윈이다.

2

당신이 먹는 아구찜은 콩나물찜 아닌가?

아구찜, 해물찜을 잘하는 집은 근처에 별로 없다. 그 동네가 어디
건 간에 역시나다. 어딜 가서 시키든 아구찜이 아니라 콩나물찜이
나온다. 가격은 아구찜 가격을 받고 막상 음식은 콩나물찜으로 내주니
갈 곳이 없다. 도대체 왜 식당들은 콩나물찜을 아구찜이라고 팔까? 그렇
게 팔라고 누가 시켰는지 묻고 싶다. 어떤 선배가 아구찜에 그렇게
콩나물 잔뜩 넣어서 팔라고 가르쳤는가 따지고 싶다. 그래서 아구찜
전문점은 빈부격차가 심하다. 잘하는 곳은 손님이 넘치고, 그렇지 못
한 곳은 죽음 직전이다. 그런데 죽기 직전임에도 콩나물찜을 포기
못하니 안쓰럽고 딱할 뿐이다.

아구찜은 보통 싸게 파는 곳도 3만원이 넘는다. 보통 식당에서 小

자 아구찜의 가격은 35,000원 정도이다. 그에 반해 맛창 식당의 아구찜 시자 가격은 40,000~45,000원 정도다. 훨씬 비싸다. 그런데도 장사가 잘된다. 이유는 한 가지다. '아구찜은 콩나물찜이 아닙니다'라는 슬로건 덕분이다. 맛창 식당의 아구찜은 모두 이 카피를 전면에 내세운다. 그럼, 손님들이 머리를 끄덕인다.

"맞어. 아구찜 시킨 거지 콩나물찜 시킨 거 아닌데, 왜들 그렇게 주는지 몰라"라고 말한다.

회덮밥에 회가 끝까지 있어야 하듯이, 아구찜은 아구로 벅어야 한다. 콩나물은 아구를 맛있게 먹게끔 도와주는 역할일 뿐이다. 그것이 역전되어선 안 된다. 콩나물 한 주먹 가격이 얼마인지는 어린애도 안다. 그걸 듬뿍 넣어줬다고 3만원을 받을 수는 없는 일이다. 콩나물이 가득한 것을 그 값에 자기 지갑을 열어줄 천사는 없다. 모르고서야 몰라도 한 번 경험하고 난 후에 그 집을 다시 가는 멍청이는 없다.

■
그럼, 아구찜을 어떻게 팔아야 하는가?

어렵지 않다. 아구 양을 많이 넣으면 된다. 그래도 남는다. 아구는 생물이 아니라 냉동이다. 그래서 가격 편차가 크지 않다. 2020년 기준(코로나 이전)으로 볼 때 아구의 원가는 kg에 5,000원 정도이다. 그래서 아구찜 小자에 3kg 냉동 아구를 손질해 넣어주면 아구 원가는 15,000원이다. 아구의 양은 삶고 나면 반이 줄어들어 1.5kg이 된다. 그래도 대한민국 아구찜 집에서 小자의 양이 1.5kg이 되는 집은 드물다. 아니 없다고 봐도 된다. 여기에 양념값이 보태져야 하고, 반찬값이 포함되어야 한다. 그래서 3만원 초반을 받는 아구찜들은 이만큼의 아구를 넣어줄 수 없다. 남는 게 없는 장사는 할 이유가 없어서다. 그럼, 남는 게 있도록 팔면서 손님도 만족하는 가격대를 정하면 된다. 아구찜 小자를 3만원대로 싸게 팔 것이 아니라 4만원대로 출발하는 것이다. 그럼, 小자에도 아구를 그만큼 넣어줄 수 있다.

철수는 아구찜 小자를 3만원에 먹었다. 아구 양은 세어야 할 정도라 결국 콩나물찜을 먹었다. 그에 반해 영희는 아구찜 小자를 4만원에 먹었다. 만원이 더 비쌌지만 아구 양이 많아서 다른 집 中자보다도 오히려 나았다. 그러니 결국 4만원 이상의 값어치를 즐긴 셈이다.

아구찜은 혼자 먹지 않는다. 여럿이 먹는다. 그래서 가격을 쪼개면 부담이 되지 않는다. 3만원을 셋이 쪼개어 지불하면 인당 만원이고, 4만원을 셋이 쪼개어 지불하면 13,000원이다. 겨우 3,000원 더 내는 셈이다. 그래서 부담되지 않는다. 3만원이 아니라 4만원이라도 아구 양이 듬뿍인 식당을 결국 다시 찾는 것이다. 이게 바로 장사다. 제대로 받고, 제대로 주는 식당이어야 한다. 싸게 팔면서 제대로 못주는 식당은 처음인 손님만 있을 뿐이다. 재방문, 단골인 손님은 있을 리 없다. 만족이 되지 않는데 싸다고 또 가는 바보는 없으니 말이다.

"아구찜은 콩나물찜이 아닙니다"

아구찜에는 아구를 듬뿍 넣어야 한다. 아구찜은 콩나물찜이 아니기 때문이다. 대신 가격을 그만큼 현명하게 책정해야 한다. 배짱을 가지고 이 정도의 양을 이 가격에 먹기 힘들다는 자신감으로 팔아야 한다. 싸게 팔면서 제대로 주는 묘책은 세상에 없다. 자신이 아구를 바다에서 건져 낸다면 모를까. 또는 유통마진이 일절 없어서 아주 싸게 재료를 쓸 수 있다면 모를까다.

대형 마트를 갔더니 1회용으로 포장된 아구찜에 '아구찜은 콩나물찜이 아닙니다'라는 같은 문구가 있었다. 제일 먼저 이 카피를 만들어 낸 필자로서 아주 반가웠다. 손님은 맛있는 아구찜 이전에 아구가 많은 아구찜을 먹고 싶어 한다. 받을 거 다 받으면서 콩나물찜을 주는 식당이라서 가지 않는 거라는 것을 알아야 한다. 제 주머니 돈을 허투루 쓰고 싶은 손님은 결코, 절대 없기 때문이다.

아구찜은 콩나물찜이 아닙니다.

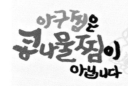

원당에 원당아구찜이 있습니다.
아구찜 하나만 팔고
콩나물찜은 팔지 않습니다.

 특수부대 쌍둥이가 주방에 있고
해병대 쌍둥이가 홀을 봅니다.
손님이 웃으심 그저 순합니다 ^ ^

 이렇게 웃으셔야 합니다.
첫물은 생수로 서비스 (2병씩 500원)
칫부질개도 서비스 (2장당 2천원)
보리감정 한주먹은 서비스 (한봉지 2천원)

그건 반칙이에요 NO

3

당신이 아는 닭갈빗집은 계륵일 거다

필자가 20대였을 때 외식업계에 닭갈비 바람이 불었다. 대학가에는 어디를 가나 춘천닭갈비가 있었고, 원조 싸움도 곳곳에서 일상이었다. 규모는 왜 그리도 컸던지…. 하여간 철판에 볶아먹는 닭갈비는 그렇게 10년쯤 대세 아이템으로 승승장구하다 어느 날부턴가 귀한 업종이 되었다. 삼겹살집은 예나 지금이나 변함없이 많지만, 닭갈빗집은 전에 비하면 턱 없을 정도로 사라져 찾아가는 식당이 되었다.

그 이유는 자명하다. 가격에 비해 먹을 게 없어서다. 물론 이제는 삼겹살도 1인분에 1만원이 훌쩍 넘을 정도로 비싸졌지만, 삼겹살집은 그나마 반찬이라도 푸짐하다(모든 삼겹살집이 그런 건 아니지만). 횟집은 쓰키다시, 고깃집은 고기찬이라는 말이 있을 정도로 찬에서 아쉬움을 상쇄시킨다. 그러나 같은 고기인 닭갈비는 상차림이 없다. 그 옛날에도 없었고, 지금도 없다. 같은 고기인데 삼겹살에 비해 너무 빈약하다. 1인분 10,000~12,000원 정도를 받는 닭갈비가 양도 작을 뿐더러 찬도 없으니 굳이 술과 함께 먹어야 할 때 선택지로서의 매력이 떨어진 것이다.

술안주로서의 닭갈비 매력이 그럴 진데, 외식으로서의 닭갈비는 더 심각하다. 인원수대로는 양이 현격히 부족해 1인분을 더 시켜야 하고, 그것도 모자라 사리로 배를 채워야 한다. 그렇게 추가해 먹을 거면 그냥 삼겹살이 나을 때가 있다. 그래서 닭갈비는 계륵이라는 소리와 함께 도태 아닌 도태가 되어 버린 아이템이 되었다.

그럼, 닭갈비를 어떻게 팔아야 하는가?

2019년, 필자는 한 해에 14개의 닭갈빗집을 만들었다. 그것도 그거 하나만(부대찌개와 결합) 팔면서 손님이 북적이는 고깃집으로 만들어 냈다. 그것이 가능했던 것은 닭갈비의 원가를 알고 나서였다. 닭갈비는 냉동이 아닌, 국내산 냉장이어도 kg에 7,000원이 되지 않는다. 등락이 전혀 없는 것은 아니지만 평균 7,000원이고 저렴할 때에는 6,000원대로 내려가기도 한다. 삼겹살이 한여름에 2만원을 넘나드는 가격대를 생각하면 닭고기는 안심이 되는 원가다.

보통의 닭갈빗집은 만원에 200g을 줬다. 고기 원가로 1,500원쯤이다. 거기에 양념을 보태고, 채소값을 얹는다고 쳐도 3,000원이면 1인분의 원가가 된다. 손님 입장에서 보자면 너무 많이 남는 마진이다. 그렇게 주고도 손님이 좋아한다면 상관 없지만, 그렇게 마진이 좋은데도 손님들이 양 때문에 불만이라서 잘 먹지 않는다면 셈법을 달리하면 되는 일이었다. 1인분 200g이 아니라 '1인분에 400g을 주면 어떨까?'라고 생각했다. 그럼, 고기 양이 두 배라서 손님은 놀랄 것이고, 좋아할 것이고, 재방문을 할 것이라는 판단을 하게 되었다. 1만원을 받고 닭갈비 400g을 주면 전체 원가는 5,000원 정도가 된다.

그런데 이렇게 팔면 식당은 신바람이 나지 않는다. 다른 셈법이 필요했다. 식당도 즐겁고, 손님도 기분 좋은 그런 셈법을 만들어야 했다. 아구찜 가격을 3만원이 아니라 4만원을 받듯이, 닭갈비 가격도 만원이 아니라 13,000원으로 올리자 양쪽이 만족하는 결과물이 가능했다. 식당은 추가로 더 주는 200g의 고기 원가 1,500원쯤에 양념값과 채소값을 보태어 3,000원을 식당의 지출(주인의 이익)에서 빼지 않고 손님에게 올려 받은 돈 그대로에서 처리할 수 있었다.

그렇게 식당은 13,000원으로 4인분 같은 2인분의 양을 줄 수 있게 된 것이다. 1인분 200g을 1만원에 받고 팔 때는 손님이 없어서 힘들었는데, 추가된 200g의 원가 3,000원을 가격에 포함시켜 400g을 13,000원에 파니까 손님이 늘어난 것이다.

맛창 식당, 이유 있는 성공의 비밀

4인분 같은~
2인분 닭갈비

국내산 냉장 **닭갈비**

1인분에 무려 450g=14,000원

(고기만 350g)

2인은 2인분, 3인도 2인분
가볍게 4인도 2인분 좋아요~

고기가 많아서 사리추가가 없어요

자연산치즈사리	4,000원	은근히 색다른 볶음우동	3,000원
닭갈비 쌈용 피자	7,000원	언제나 옳은 볶음밥	3,000원

(피자에 싸드심 영자식 먹방)

냉동닭, 수입닭, 노계닭 NO

📶 **WIFI** U+net257
100000584

냉동이라구요?
사입 영수증 보여드릴께요~

수입산이라구요?
역시 세금계산서면 되겠죠^ ^

노계닭이라구요?
노계에 이렇게 살집 있던가요??

양 많이 드려도 의심하고
1인분 덜 주문하래도 의심합니다.

그건 기존 식당들이 잘못한 덕분
두목이 대신 사과드려요!!

손님의 입장에서도 당연히 좋아졌다. 겨우 3,000원을 더 냈을 뿐 인데 2인분 같은 1인분이 아니라 진짜 2인분 양을 받게 된 것이다. 다른 닭갈빗집에서는 400g을 먹으려면 2인분 2만원을 써야 하는데, 맛창이 만든 닭갈빗집에서는 13,000원으로 해결이 되니 또 가야 하 는 식당이 되어버린 것이다.

■
"4인분 같은 2인분 닭갈비"

손님은 의심이 많다. 적게 주면 당연히 싫어하지만, 많이 줘도 의 심을 한다. 왜 많이 주냐 이거다. 다른 집과 달리 확실히 눈에 보이게 많이 주는 맛창 식당엔 그래서 의구심을 가진 손님들이 많다. 당연 하다. 맛창식 셈법을 손님이 알 리 없어서다. 보통의 닭갈비가 1인분 에 200g을 주는데 그 원가(고기만)는 2,000원이 채 안 된다. 그래서 고기만 350g을 주더라도 고기 원가는 3,000원이면 된다. 애초에 많 이 주고 닭갈비 가격을 1인분 14,000원을 받은 것뿐이다.

같은 원가를 쓰면서 더 많이 줄 재주는 없다. 하지만 더 받았기 때문에 더 많이 줄 수 있는 것이다. 이게 무슨 비책도 아닌데 아무도 이 쉬운 답을 사용하려 하지 않는다. 그저 한 푼이라도 더 싸게 매겨서 팔리기만 바라 고 있다. 그래선 내일이 오지 않는데 말이다.

4

당신이 아는 부대찌개는 사리가 필요하다

부대찌개는 참 괜찮은 음식이다. 다양한 소시지와 햄을 함께 먹는 맛은 찌개 중에서도 별미다. 그런데 유명한 브랜드 부대찌개도 막상 가보면 아쉽다. 가격을 올리지 않은 탓인지, 그 별미로 먹어야 하는 소시지와 햄의 양이 점점 줄어든다. 그래서 부대찌개는 모둠사리를 추가해 먹든가, 아예 햄과 소시지의 양은 포기하고 라면사리로 배를 채우든가 선택해야 한다. 그러다 보니 항상 아쉬움이 남는다. 그래서 부대찌개야말로 계륵의 마음으로 먹게 된다. 먹자니 아쉽고, 안 먹자니 입이 당기고 하는 셈이다.

그렇다면 과연 부대찌개는 현재의 모습이 최선이고, 앞으로도 개선될 여지가 정말 없는 메뉴일까? 비싼 햄과 소시지를 듬뿍 넣으라는 소리를 대안이라고 말하는 것은 어설프다. 통하지 않을 것이다. 내 이익을 양보해 손님에게 퍼주는 장사는 대인배라도 하기 힘든 게 현실이기 때문이다.

■
그럼, 부대찌개를 어떻게 팔아야 하는가?

'찌개는 4인분을 팔지 않아도 된다!' 바로 이게 정답이다. 찌개는 인원 수 주문이 아니어도 먹는 데 부족함이 없다. 그 찌개가 무슨 찌개든 상관 없다. 김치찌개도, 된장찌개도, 순두부찌개도 4명이 3인분을 먹는다고 해 도 부족하지 않다. 찌개를 4명이 4인분으로 먹는다고 남는 것도 아니다. 4인분이라고 남지도 않고, 3인분이라고 모자라지도 않는다. 그러니 찌개 는 인원수의 고정관념만 지워내면 손님에게 좋은 선택지를 먼저 제공할 수 있다.

손님은 자신이 바라는 바를 식당이 먼저 권하면 마음을 연다. 공 격성을 감추고 천사가 된다. 어느 정도의 실수는 눈감아주고, 가격에 대해서도 민감을 떨지 않는다.

"4인분은 팔지 않습니다. 4명도 3인분만 시키세요."

"3명이면 2인분만 주문하세요."

이렇게 권하는 거다. 이게 답이다. 이렇게 던짐으로써 그 어렵던 손님의 마음을 내 것으로 가져올 수 있다.

보통의 부대찌개는 1인분 가격이 8,000원쯤이다. 그런데 3명이 3인분을 시킨다고 해도 넉넉하지 않다. 그래서 라면사리를 추가하거나, 역시나 모둠사리를 추가해야 든든하게 먹을 수 있다.

맛창 식당의 부대찌개 1인분 가격은 1만원이다. 다른 집에 비해 2,000원 정도가 더 비싸다. 그런데 맛창 식당은 항상 손님이 더 많다. 이유는 간단하다. 햄과 소시지가 훨씬 더 많기 때문이다. 8,000원을 받고 파는 식당의 햄과 소시지 원가가 2,500원일 때, 맛창 식당은 더 받은 2,000원을 원가에 모두 투입해 4,500원어치를 내준다. 다른 식당의 양보다 2배 정도를 더 주는 것이다.

철수는 8,000원짜리 부대찌개를 먹으면서 햄과 소시지를 2,500원어치 먹었고, 영희는 1만원짜리 부대찌개를 먹으면서 햄과 소시지를 4,500원어치 먹은 셈이다. 누가 더 만족스러울까?

평범한 부대찌개 식당은 8,000원에 팔아서 마진으로 대략 60%쯤인 5,000원(반찬값, 공깃밥값 500원 빼고)을 벌었다. 필자의 셈법을 도입한 맛창 식당도 부대찌개 1인분을 1만원에 팔았지만 남은 이익은 5,000원으로 동일하다. 그러나 웃으면서 먹는 손님을 얻었고, 그래서 또 오는 손님을 얻었고, 그래서 줄을 세우면서 부대찌개를 팔 수 있었다.

8,000원짜리 부대찌개는 인원수대로 주문해야 하니까 2명일 때는 16,000원, 3명이 시키면 24,000원이다. 그러나 역시 만족도는 둘이 2인분 먹듯이가 전부다. 사리를 추가하지 않는 이상 3명이 3인분, 4

멍이 4인분일 때도 만족도는 그냥저냥이다. 하지만 맛창 식당의 부대찌개는 2명일 때는 2만원으로 비싸지만(대신 엄청 푸짐하게 먹을 수 있다), 3명일 때는 2인분 2만원에 공깃밥 하나 추가해서 21,000원이다. 오히려 다른 집 8,000원짜리보다 싸다. 그리고 사리를 추가해서 먹을 이유가 없다. 둘이 먹으면 다소 비싼데(사실 사리 추가가 필요 없으니 비싼 것도 아니다) 셋 이상이 먹으면 싸진다.

이게 바로 4인분은 팔지 않는 찌개집의 핵심비법이다. 어떤 찌개든 이 공식은 필수다.

■
"찌개는 1인분 덜 시키세요"

보통의 부대찌개 집들은 1인분에 8,000원 정도다. 나는 그 가격을 받고서는 식당이 이기는 셈법을 만들 수 없어 1만원을 받는다. 다른 집보다 2,000원을 더 받고, 그만큼을 재료에서 아끼지 않는다. 그러니 8,000원짜리 3인분이나 1만원짜리 2인분이나 양에서는 차이가 없다. 오히려 1만원짜리 2인분의 햄과 소시지가 3인분의 그것보다 더 많을 수 있다.

그거다. 별 거 없다. 그렇게 더 받고, 더 받은 만큼을 재료로 넣어 팔면 된다. 물론 쉽지는 않다. 매일 나에게 지적당하지 않는 일반 식당주들은

보셨나요?

식당이 먼저
1인분 덜 시키라는
식당을 보셨나요?

4인분은
팔지않아요
그냥을
담을수가
없습니다

찌개와 탕은 항시 1인분 덜 시켜도,
드시는데 지장이 없습니다.

부대찌개
BUDAEJJIGAE
1인분 10,000원

"사리 추가....하지 마세요!"
햄, 소시지 한접시 공짜!!!
(매니아의 털 추가는 5천원)
라면사리는 마음껏 셀프!!!
(공기밥만 1인분씩 추가하세요)

추가메뉴
공기밥   1,000원
자연산 치즈사리   4,000원
자연산 피자는 걸들일때   6,000원
(치즈, 피자는 노마진 생색 서비스합니다.-)

부대의
찌개
법칙1

인원수에서 1인분 빼기
전혀 먹는데 지장없음
단, 양이 푸짐할때만

부대의
찌개
법칙2

4인분은 무리수
3인분에 공짜사리로 go
입소문도 GO

최상품 햄, 소시지   1인분

부대
찌개   10,000원
추가공기밥 1,000원
3인이 2인분은 7,000원
4인이 3인분은 7,750원

WIFI U-net257
100000584

햄과 소시지 많아서
사리추가 없어요
자연산치즈사리 4,000원
별미로 피자 추가 7,000원
라면사리(맘껏 공짜사리)
(공기밥만 1인분추가)

찌개는, 원래 1인분 덜 주문도
드시는데 전혀~~지장이 없습니다.

책만 읽으면서 그 결정을 지켜내기가 어렵다. 이유는 뻔하다. 그렇게 주는 게 아까워서다. 그렇게 안 줘도 손님은 별말 없이 군소리 없이 먹으니까, 8,000원에 인원수대로가 더 손님을 위하는 계산이라는 이유 아닌 이유를 달기에 따라 하지 않는다. 아마 당신의 생각도 큰 차이는 없을 것이다.

5
당신이 알고 있는 짬뽕집은 온갖 것을 다 판다

짬뽕은 생각만으로도 입에 침이 고이는 음식이다. 얼큰하게 먹는 짬뽕 한 그릇이면 근심도 덜어낼 수 있는 좋은 음식이다. 싸게는 4,000~5,000원, 비싸도 8,000원 정도로 크게 부담이 없다. 그래서인지 짬뽕집은 참 흔하다. 중국집은 물론이거니와 상호가 짬뽕인 전문점도 수두룩하고, 심지어 분식집에서도 짬뽕(라면)을 판다.

그런데 생각해 보자. 짬뽕 하나만 파는 짬뽕집을 본 적이 있는가? 아마도 없을 것이다. 수많은 짬뽕집이 오래 가지 못하는 이유가 바로 이거다. 짬뽕집이면 짬뽕 하나만 팔아야 하는데, 짜장면도 팔고 탕수육도 팔고 볶음밥도 판다. 그건 짬뽕집이 아니다. 중국집이다. 중국집에서 그렇게 파는 건 이해가 된다. 그런데 짬뽕 전문점이라고 간판을 달아놓고 중국집처럼 파니까 그 식당이 힘든 것이다. 나아지지 않는 것이다. 전문점으로 차려서 결국은 미니 중국집이 되어 버렸다는 것을 뒤늦게 알았을 때는 이미 식당은 다 기울어진 후다. 어떻게 손을 대도 회생이 불가능할 정도로 망가진 후다.

■ 그럼, 짬뽕집은 어떻게 해야 이겨낼 수 있을까?

답은 간단하다. 짬뽕 하나만 파는 거다. 짜장면을 왜 파는가? 그건 중국집에서 팔라고 버리면 된다. 탕수육도 굳이 팔 이유가 없지만, 그것까지는 막지 않겠다. 탕수육은 할 수 있다면 해보는 거다.

하지만 짜장면이나 볶음밥은 팔지 말아야 한다. 그럼, 오직 짬뽕에만 집중할 수 있다. 그러면 평범했던 실력도 수개월 뒤면 짬뽕 하나만큼은 전문 셰프와 어깨를 나란히 할 정도의 실력이 될 수 있다. 여기서 중요한 것은 손님의 만족도다. 무슨 풀이건, 어떤 방식의 해결책이건 결론은 손님이 만족하는 음식이어야 한다는 점이다. 그 만족의 정점은 맛이 아니다. 맛이라고 당신만 착각할 뿐이다. 그 만족의 포인트를 깨닫는 사람은 장사가 쉬워진다.

철수는 짬뽕 전문점에 들어가서 메뉴판을 봤더니 중국집과 다름없는 메뉴판을 보고 어쩔 수 없이 짬뽕을 시켰다. 영희는 오직 짬뽕

뿐인 메뉴판에서 당연히 짬뽕을 시켜 먹었다. 둘의 맛에 대한 만족도는 어디가 좋을까? 무조건 영희가 먹은 짬뽕이 맛있다. 그것만 만들어 파는데 그 맛이 여러 가지를 준비해 팔아야 하는 집보다 못할리 없고, 그보다 더 중요한 것은 먹는 사람의 심리다. 한 가지만 하는 집에서 그거 먹으면서 트집은 몹쓸 사람이 하는 행패일 테니 말이다.

짬뽕의 가격 역시도 마찬가지다. 짬뽕의 쟁점은 해물이다. 그래서 기존 중국집에서도 일반짬뽕과 삼선짬뽕으로 구분지어 판다. 하지만 짬뽕 전문점에서 굳이 그런 구분은 불필요하다. 그냥 자기 상호인 짬뽕 하나면 된다. 다만 싼 짬뽕을 팔아서는 상품성을 만들 수 없다. 6,000원짜리 짬뽕을 팔아서는 손님을 만족시킬 수 없다. 만족을 줄 수 있는 8,000원, 9,000원짜리 짬뽕을 팔아야 제대로 먹을 만한 짬뽕을 만들 수 있다.

다시 거듭 강조하지만 원가는 비틀어 풀어야 탁월한 상품이 나온다. 짬뽕 8,000원을 먼저 정하고 거기서 원가를 덜어내는 방식은 절대 나아질 수 없다. 그 짬뽕의 재료원가는 반드시 3,000원을 넘지 않을테니 말이다.

6,000원짜리 짬뽕의 원가는 2,000원 정도이다. 하지만 그렇게 짬뽕을 평범하게 만들어서는 팔리지 않으니까 8,000원짜리 짬뽕을 만든다고 계획해야 한다. 그래서 더 받아낸 2,000원을 팔기 위한 2,000원으로 규정하고 주인은 그 2,000원에서 이익을 볼 생각을 지워내는 것이 중요하다. 그럼, 추가로 받은 2,000원은 그대로 원가에 들어가게 된다.

철수는 재료가 2,000원어치 들어간 짬뽕을 6,000원에 먹었다. 영희는 재료가 4,000원어치 들어간 짬뽕을 8,000원에 먹었다. 누가 더 맛있게, 푸짐하게 먹었을 것인가는 이렇듯 쉽게 드러난다.

하지만 6,000원짜리 짬뽕을 팔아도 4,000원이 남고, 8,000원짜리를 팔아도 4,000원이 남는 결과에만 매몰되면 이 기가 막힌 셈법은 쓰레기가 되어 버린다. 손님이 줄 서는 것을 생각해야 한다. 6,000원짜리 짬뽕은 하루에 겨우 30그릇이 팔리는데, 8,000원짜리 짬뽕으로는 하루에 50그릇, 100그릇을 팔 수 있다는 가능성에 주목해야 한다.

장사는 한 그릇 팔아서 얼마가 남는가가 중요하시 않다. 하루에 얼마나 많은 수가 팔렸는지가 중요하다.

■
"짜장면은 팔지 않는 진짜 짬뽕집"

짬뽕집을 만들 때 간판에 짜장면은 팔지 않는다고 적었고, 메뉴판에는 짜장면을 배달하라고 근처 중국집 전화번호를 써두기도 했다. 오직 짬뽕만 파는 집이 컨셉이었다. 그렇게 손님에게 다가갔더니 손님들이 집중했다. 그래서 오픈 한 달 만에 방송에도 나갈 수 있었다. 짜장면은 팔지 않는 짬뽕집이라는 그 이유가 전부였다.

짜장은 없다!
그러나
배달은
할 수 있다.~

짜장은 배우질 못해서
짜장은 없는 짬뽕집
짬뽕 하나만
잘 하겠습니다.

어린이가 짬뽕이 맵다하면
"짜장 컵라면 700원입니다"
어린이가 짜장면 매니아 라면 "단골집에 배달시키세요"

"짜장면은 팔지 않는
진짜 짬뽕집"

짜장은
팔지않는
짬뽕집

하나. 어린이는 짜장 컵라면
둘. 어린이는 짜장 배달 가능

어린이는
짜장컵라면 700원
어린이는
짜장면 배달 가능~

일곱살 철수는 짜장컵라면을 먹습니다. 700원
여덟살 영희는 짜장을 배달시켜도 좋습니다.

6

당신이 먹었던 우동과 칼국수는 특별했던가?

우동은 우동이고, 칼국수는 칼국수다. 물론 특별한 우동도 많고, 특별한 칼국수도 흔하다. 문제는 음식에 따라 포인트가 있다는 점을 간과한다는 사실이다.

우동을 얼큰하게 만드는 식당을 봤다. 그걸 먹을 거라면 짬뽕을 먹지 싶었다.

우동을 곱빼기, 세 곱빼기로 포인트를 줘서 파는 식당을 봤다. 우동을 배 부르려고 먹는 사람이 과연 얼마나 될지 묻고 싶었다.

우동을 사누끼식이니 뭐니 해서 면에 특별함을 강조하는 식당을 봤다. 직접 뽑은 면도 아니면서, 받아서 쓰는 공장 면이면서 일본처럼 면을 자랑하는 게 솔직히 웃겼다.

바지락 칼국수를 파는 식당을 가봤다. 바지락이 많지도 않은 바지락 칼국수가 아쉬웠다.

김치 칼국수라고 파는 집을 가봤다. 차라리 김치를 넣은 라면이 더 먹을 만했다.

해물 칼국수라고 해서 가봤다. 조개 몇 개와 건새우가 전부인 해물이 기가 막혔다.

그에 반해 김치가 아주 매운 칼국숫집은 놀라웠다. 맛있게 매운 김치 때문에 칼국수가 술술 먹혔다. 한 시간씩 줄을 서는 이유는 거기 있었다. 심지어 칼국수를 시켰는데 보쌈김치를 내주는 칼국숫집은 더욱 놀라웠다. 그 가격에 어떻게 그런 김치를 줄 수 있는지 진심으로 감동했다.

세상은 이렇다. 잘하는 집도 있고, 엉터리인 집도 있다. 보잘것없는데도 줄을 세우는 식당이 있고, 굉장히 훌륭한 음식인데도 손님이 없어 마음이 아픈 식당도 있다. 도대체 그런 일은 왜 생길까?

식당 장사는 결단코 정답이 몇 개가 아니다

특별한 식당이 되기 위해서는 음식이 맛있어야 하지만 절대적이진 않다. 맛으로 모든 게 결정된다면 우리 아빠, 우리 엄마가 식당을 차리는 도전은 실패가 뻔한 일이다. 그러나 생전 음식도 모르던 우리 아빠가 차린 식당이 대박이 날 수도 있고, 집에서 보여준 솜씨가 전부인 엄마가 장금이 솜씨인 줄 뒤늦게 알기도 한다.

설렁탕은 깍두기가 맛있어야 하고, 보쌈은 김치가 훌륭해야 한다. 칼국수 역시 겉절이가 맛있을 때 식당은 줄 서는 기본을 얻게 된다. 그러나 평범한 음식, 흔한 음식일수록 정말 어렵다. 누구나 다 만들 줄 아는 김치, 깍두기를 맛있게 만드는 일이 얼마나 어려운지는 도전과 동시에 알 수 있다. 라면도 마찬가지다. 라면은 누구나 끓일 수 있지만, 팔릴 만한 라면을 끓이는 것은 어렵다. 집에서 내가 먹을 떡볶이야 금세 뚝딱이지만, 돈을 받고 팔 만한 떡볶이는 체인점의 힘, 본사의 소스가 필요하다. 그처럼 뭘 잘해야 팔리게 할 수 있는지 알지만, 현실에서 풀지 못해 이도 저도 아닌 우동집, 칼국숫집을 하는 경우는 흔하고 흔하다. 하지만 그래도 선택한 메뉴니까 어떻게든 꾸려가야 한다.

면을 뽑아서 하려면 너무 힘들다. 제면이라는 것이 하루아침에 배워지는 것도 아니고, 제면을 직접 하려면 최소 새벽에 식당에 나가야 한다. 그래서 지친다. 잘하는 것도 좋지만, 지상 최고로 맛있는 우동집, 칼국숫집을 할 게 아니기 때문에 제면에 대한 욕심은 버리는 것이 좋다. 손님들이 자가제면을 좋아한다고 하지만, 그보다 솔직한 바람은 쫄깃한 면발보다 푸짐한 우동과 칼국수다. 맛있는 겉절이를 당연히 바라지만 그게 쉽지 않다는 것을 손님은 너무 잘 알기 때문에 겉절이를 대신하는 값어치의 무언가를 주면 평범한 겉절이라도 용서를 해준다.

그래서 생각해 낸 것이 '큰 튀김우동'이었다. 우동에 튀김은 상당히 매력적인 조합이다. 그런데 튀김은 쉬운 일이 아니다. 그리고 일이 너무 많아진다. 그래서 일손도 줄이고 손님에게 어필할 수 있는 큰 튀김으로 나는 닭을 골랐다. 닭(장각)을 튀겨서 통째로 우동에 올려주게끔 주문했다. 그렇게 닭튀김 우동을 만들어 그거 하나로 승부를 했다.

칼국수도 마찬가지다. 바지락은 손질이 너무 힘들다. 어지간한 매출을 넘어서면 조개를 보는 게 겁이 날 정도로 힘에 부치는 음식이다. 그래서 역시나 닭 반 마리를 삶아서 칼국수에 턱 하니 올리는 방식으로 메뉴를 바꿨다. 그렇게 닭(칼)국수를 만들었고, 그거 하나만 파는 온리원으로 승부를 했다.

가장 보편적인 음식이 제일 어렵다. 누구나 만들 수 있는 대중의 음식이야말로 손님의 지갑을 여는 아주 어려운 메뉴다. 그래서 여간해서는 도전하지 말아야 한다. 특히 (자가제)면 전문점은 고도의 기술은 물론이거니와 엄청난 노동이 요구되는 음식이기 때문에 쉽게 도전하지 말아야 한다.

■
"닭을 통째로 튀겨 올려봐"

나는 요리사가 아닌 탓에 우동 만드는 법을 알려줄 수 없다. 그러나 어떤 우동이어야 매력을 줄 수 있을까에 대한 판단은 빠른 편이다. 원래는 튀김우동을 근사하게 만들고 싶었다. 그러나 일손이 너무 많았고, 보기에도 대단하지 않았다. 무엇보다 기존의 튀김우동 강자를 이기기는 힘들었다. 그때 친구의 아내가 "그럼 닭을 통째로 튀겨서 올려봐요"라고 농담 삼아 던졌다. 그래서 만들게 된 것이 닭튀김 우동이다. 닭 한 마리를 튀겨 올리긴 힘들어 장각을 사용했다. 다리 하나를 튀기는 일과 모듬튀김을 만들기 위해 튀기는 일의 강도는 차이도 컸지만, 차별화에 무척 도움이 되었다. 매력이 있어진 것이다. 자잘한 것을 여러 개 올리는 것보다 큼직한 것 하나가 훨씬 매력적이라는 사실도 깨닫게 된 메뉴다.

7

당신은 왜 고깃집에서 고기 추가를 하지 않을까?

돼지고기든 소고기든 상관없다. 어디든 간에 고기 추가를 시킨 적은 많지 않을 테니 말이다. 누가 마음껏 사주는 경우가 아니고선 대체로 고기를 추가하지 않는다. 왜일까? 돈이 없는 것도 아닌데 고기 추가를 한 경험이 그다지 많지는 않다. 있다고 쳐도 겨우 1인분 정도였을 뿐이다.

이런 질문을 다시 던져보자. 당신이 고기를 추가했을 때 식당에서 찬을 다시 깔아준 경험을 해본 적이 있던가? 아마 거의 없을 것이다. 그런 기억은 경험에서 건져지지 않을 것이다. 대부분의 식당은 고기 추가를 하면 고기만 준다. 처음에 시킨 고깃값과 동일한 돈을 받으면서, 상은 처음에만 깔아주고 그 뒤로는 고기를 추가해도 달라는 찬만 겨우 준다. 심한 경우엔 추가 반찬값을 요구하는 식당도 있다. 고기를 추가 하고서 달라는 반찬이었는데 말이다. 그때 느꼈던 기분은 짜증을 넘어 설 것이다.

옛날 장사꾼은 그걸 장삿속이라고 말했다.

"식당은 말이야 4인분을 팔아야 해. 그래야 3인분 양을 주고 거기 서 1인분을 벌어내는 거야. 그게 장사야"라고 말했고, "고깃집에서 돈을 벌려면 추가를 받아야 해. 그래서 고기만 내주고 반찬값을 포 함한 1인분 값을 거기서 버는 거야. 그게 장사야"라고 말했다.

틀리지 않다. 과거엔 그랬다. 그걸 문제 삼는 사람도 크게 없었다. 하지만 지금은 손님 스스로가 4인분은 자신에게 불리한 계산임을 잘 알고 있고, 고기 추가를 한다고 반찬을 다시 주는 게 아니니까 추 가를 할 바엔 장소를 옮기는 행동을 선택한다. 그래서 식당은 찌개 4 인분을 팔고 싶어도 팔 수가 없고, 고기 추가를 하지 않는 손님들이 라서 고기 마진으로 장삿속을 채울 수가 없어져 버렸다.

그럼, 어떻게 해야 고기 추가를 나오게 할 수 있을까?

간단하다. 손님이 고맙게 고기를 추가하면 식당은 보답을 하면 된다. 한 테이블에 삼겹살 2인분은 기본이다. 2인분을 시키면 불도 내주고, 반찬도 깔아준다. 된장찌개도 주고, 계란찜도 준다. 삼겹살 2인분을 주문하면 그걸 다 준다. 그래놓고, 삼겹살 1인분을 더 추가하는데 왜 보상을 못하는지 나는 그게 이해가 되지 않는다. 추가가 1인분이건 2인분이건 따질 것 없다. 손님이 2인분에서 그치지 않고 더 먹겠다는데 얼마나 감사한 일인가? 고기만 그냥 먹진 않을 것이다. 소주 1병이라도 또 추가가 될 것이다. 그렇게 고마운 손님인데 왜 고기 추가하면서 달라고 한 된장찌개를 추가라고 돈을 받으려는가? 그렇게 더 먹겠다고, 다른 장소로 옮기지 않겠다고 고기 추가하면서 달라고 한 계란찜을 왜 추가값을 달라는지 알 수가 없다. 이해조차 되지 않는다. 추가하지 않고 일어서면 그만이다. 식당이 손해인 것이다. 처음 깔아준 반찬을 다시 다 깔아주는 것도 아니고(그렇게까지는 손님도 바라지 않는다) 된장찌개 하나, 계란찜 하나, 노른자가 올라간 파채 하나 더 달라고 했을 뿐인데, 고기 추가를 하면서 그리 원한 손님인데 거기에 노른자를 뺀 파채만 덜렁 내주는 작태가 한심하다.

고기를 추가하면 술을 더 마실 거고, 술이 남으면 다른 안주라도 더 시킬 확률이 높다. 고기를 추가하지 않으면 반찬을 더 달라기나 할테고, 술도 더 마시지 않으니 다른 안주를 시킬 확률은 제로다. 손님이 머무는 시간이 짧아진다고 식당이 좋을 것도 없다. 그 손님이 일어난 테이블에 다른 손님이 들어와 앉는다는 보장을 할 수 없는 현실을 주인은 너무나 당연히 알테니 말이다. 정말 줄을 세워가면서 고기를 파는 대박집이라면 1인분 추가가 귀찮을 수 있다. 그래서 그런 집은 '첫 주문 후 고기 추가는 받지 않습니다'라는 어마어마한 강심장을 드러낸다. 손님이 줄을 서니 회전율을 올리려면 그땐 어쩔 수 없는 것이다. 하지만 그런 고깃집이 대한민국 어딘가에는 있을지 몰라도, 나 역시 1년에 한 번도 구경하기 어렵다. 대부분은 자리가 남아서 그저 들어와 주기를 바라는 고깃집들이 태반이다. 그런 고깃집들에게 하는 소리다. 고기 추가를 하는 손님에게 찬을 다시 다 깔아주지는 못할망정, 눈치껏 손님이 잘 먹은 반찬을 말하기 전에 내주는 일이 뭐 그리 어렵냐고 묻고 싶다.

■

"고기를 추가하면 반드시 보답을 한다. 그게 고깃집이다"

옆자리에서 있었던 일이다. 2명의 손님이 고기를 먹고 있었는데 한 사람이 더 왔다. 그러자 아주 익숙하게 "사장님, 우리 사람이 더 와서 고기 다시 시킬 거니까 테이블 옮길게요. 3인분 새로 주시고 상 다시 깔아주세요"라고 말하며 자리를 옮겼다.

이 손님이 과연 진상일까? 아니다. 고기를 추가할 때 딸랑 고기만 내주고, 찬은 추가로 받는다고 말하는 식당이 진상이다. 그걸 묵인하고 지금까지 온 거뿐이다. 나는 그렇게 생각한다. 그래서 내가 만드는 고깃집은 고기 추가엔 반드시 보답을 해야 한다. 그게 싫다면 돕지 않는다. 양심이 없는 주인을 도울 까닭이 없어서다.

추가가 나오지 않으면 고기 매출은 더 없다. 심지어 술 매출도 없다. 추가가 나오게 하려면 첫 반찬을 다시 깔아준다는 마음으로 추가 반찬에도 적극적이어야 하고, 더 나아가 메뉴판에 없는 보답으로 손님에게 온갖 매력을 보여줘야 한다. 그래야 또 온다. 거리의 수많은 고깃집을 제치고 손님이 내 집을 단골로 선택할 것이다.

대부분의 고깃집은
추가시 고기만 딸랑 내줍니다.

그남자는 다릅니다.
고기를 추가하시면
알아서, 눈치껏
서비스합니다.

그 남자는
고기추가에
반드시 **댓가(?)를**
치릅니다.
그냥 슬쩍, 딸랑
넘어가지 않습니다.

| 고기추가하실때 딸랑! | 고기만 | 내지 않습니다. | 새로 상을 차리진 못해도 | 추가엔 꼭! 보답하겠습니다. |

그 남자는
다릅니다.
고기를 추가하시면 압니다.
알아서 눈치껏 서비스합니다.

얼큰한 순두부

그 남자는
다릅니다.
고기를 추가하시면 압니다.
알아서 눈치껏 서비스합니다.

담백한 계란찜

8

당신은 왜 전골 대신 뚝배기를 먹을까?

감자탕집의 뚝배기 가격은 보통 8,000원쯤이고, 전골 小자는 3만 원에 가깝다. 그런데 셋이서 전골 小자를 시키면 주인이 싫어한다. 분명히 우리가 아는 상식은 小자는 2~3인용인데 말이다. 심지어 족발집에 들어가 둘이서 小자를 시켰는데 "양이 적을 텐데요"라는 말 같지도 않은 대꾸에 어이가 없어 그냥 나온 적도 있다. 둘에게 小자가 적으면 그 족발 小자는 1인용이라는 말일까?

하여간 전부가 그런 건 아니지만 감자탕 小자는 둘, 中자는 세 명이 먹는 양이라고 생각하는 주인들이 있다. 그러니 장사가 힘든 건데 정작 하루하루가 피가 마르는 감자탕집 주인은 그것도 모르고, 맛을 더 내야 하나 어쩌나 궁리할 가치도 없는 궁리에 여념이 없다.

맛창 식당, 이유 있는 성공의 비밀

손님들은 전골 小자를 둘이서 먹기 거북해 한다. 뚝배기로 2개를 먹으면 16,000원이다. 그런데 전골은 최소 25,000원이다. 그것도 저렴한 곳이 그렇다. 거기서 끝나지 않는다. 대한민국 식당들의 기괴한 원칙(?) 중 하나가 전골에는 공깃밥이 별도라는 점이다. 8,000원짜리 뚝배기는 공깃밥을 포함하고, 비싼 전골엔 공깃밥이 별도다. 개떡 같은 계산법이다. 그래서 둘이서 감자탕 전골 小자는 어렵다. 최소 셋은 되어야 小자를 시킨다. 그래서 메뉴판에 전골은 사실 있어 본들인 메뉴가 되어 버린다. 남지도 않는 뚝배기만 팔아야 하는 신세를 스스로 자초한 꼴이 되어 버리는데, 주인은 그 이유를 모른다니 지금이라도 이 책을 통해 이해되어 나아졌으면 하는 바람을 가져본다.

■ 감자탕 전골도 팔 수 있다. 그것도 잘 팔 수 있다.

뚝배기에 넣어주는 감자 뼈는 보통 2개다. 전골 小자에 들어가는 감자 뼈는 보통 5~6개쯤이다. 감자탕 뼈 1kg을 자르면 뼈가 4~5개쯤 나온다. 그리고 감자탕 뼈의 kg당 원가는 3,000원이 채 되지 않는다. 이제 따져보자. 감자탕 전골 小자에 뼈 6개가 들어간다고 가정하면 1.5kg이면 된다. 그 원가는 4,000원이 조금 넘는다. 거기에 양념, 감자, 채소를 듬뿍 넣는다 쳐도 3,000~4,000원이면 가능하다. 그러면 반찬과 공깃밥을 포함해 전골 小자의 원가를 따져도 1만원이 절대 넘지 않는다. 그걸 25,000원에 팔면 마진은 나쁘지 않은 조건이 된다. 그래서 정말 손님을 줄 세우는 감자탕집은 아예 가격을 싸게 팔아버린다. 원가가 만원이 되지 않으니까 小자의 판매가격 역시 2만원을 받지 않는다. 이렇게 싼 가격으로 손님을 만족시키는 감자탕집들이 제법 있다.

하지만 나는 박리다매를 좋아하지 않는다. 싸게 많이 파는 전략을 권하는 스타일이 아니다. 기왕이면 더 받고 비싸게 파는 것을 권하고, 그렇게 더 많이 받아 양에선 절대 밀리지 않는 경쟁력을 갖추도록 조언하는 것을 즐긴다. 감자탕 전골 小자를 저렴하게 파는 25,000원이어도 좋다. 얼마든지 그 가격에서도 경쟁력을 갖게 할 수 있다. 누구는 2만원 이하로도 팔아 손님을 줄 세우는데 그보다 5,000원이나 더 받고 小자를 판다면 무기가 생긴 것이다. 5,000원이라는 무기가 생긴 것이다.

전골 小자의 경우 뼈를 6개 넣어준다. 거기까지는 다른 식당과 동일하다. 그리고 우리는 여기에 원가가 좋아 여유가 생긴 5,000원으로 뼈 4개쯤을 더 주는 것이다. 그럼, 1kg의 뼈가 추가로 사용된다. 원가는 3,000원쯤이다. 뼈 한 대접을 더 주는 감자탕 전골 小자가 되는 것이다.

철수는 친구와 둘이서 뚝배기 2개로 각각 뼈 2개씩 먹고 16,000원을 냈다. 영희는 친구와 둘이서 감자탕 小자를 25,000원에 시켰는데 전골에 들어간 뼈 6개와 추가로 내준 뼈 4개를 포함했기에 합쳐서 뼈 10개를, 각각으로는 5개씩 먹었다. 철수와 영희 중 누가 더 만족도가 높을까?

원가가 좋은 음식들이 있다. 대체적인 상식으로는 면 음식이 제일 좋은 게 확실하고, 한식 중에서는 감자탕이 독보적이다. 원가의 변동폭 탓이다. 필자가 이 일을 시작할 때에도 뼈 원가는 3,000원이 되지 않았는데, 십수 년이 지난 지금도 감자탕 뼈의 원가는 역시나다. 대신 물가 인상으로 인해 자연스럽게 감자탕 전골의 가격은 50% 넘게 상승했다. 그래서 원가의 여유가 남다른 음식이 감자탕이다. 그렇게 얻어낸 마진의 무기가 있다면 그 칼을 잘 갈아서 쓰면 되는데, 감자탕 전골을 팔지 못하는 식당들이 태반이다.

■

"뼈 한 대접 서비스"

감자탕의 원가는 놀랄만큼 싸다. 주방의 수고가 깊다는 핑계는 대지 말자. 다른 식당도 주방은 힘들고 고되다. 기본적으로 원가가 낮기에 감자탕은 손님을 만족하게 할 여지가 많다. 매력이 많다는 뜻이다. 애초에 감자탕에 뼈를 듬뿍 넣어줘도 좋고, 따로 뼈 한 대접을 서비스로 놀래키는 일도 가능하다. 아니면 아예 경쟁자가 엄두도 못내게 전골 小자의 가격을 12,000원에 팔 수도 있다. 뼈해장국 두 그

룻 값도 안 되는 가격 매력으로 시장을 장악하는 브랜드도 있다. 하지만 필자의 스타일은 아니다. 나는 싸게 엄청 많이 파는 걸 즐겨하지 않는다. 엄청이 아니고 많이면 된다. 대신 제값 이상을 받고서다. 그래야 장사도 신이 나고, 손님에게 가성비 매력으로 오래도록 내 친구로 만들어 갈 수 있기 때문이다.

9

당신은 왜 떡라면을 사 먹지 않을까?

라면을 파는 주인에게 라면과 떡라면의 팔리는 비중이 어떻게 되냐고 물어본 적이 있다. 그러자 주인은 잘해야 8대2라고 말했다. 나역시 기억을 더듬어 보니 집에서는 몰라도 밖에서 라면을 사 먹을때 떡라면을 먹은 기억이 드물었다. 비싸야 1,000원 더 비싼데 말이다. 라면을 3,000원에는 기꺼이 먹으면서 4,000원을 주고 떡라면을먹을 지갑이 아니어서는 아닌데 말이다.

이유는 간단하다. 떡이 적어서다.

이유는 손님이 잘 안다. 주인만 모른다. 주인도 손님일 때는 아는데, 자기 식당에서 주인으로 셈을 하면 모르니 안타깝기 그지없다.

라면이 아니라 떡라면을 굳이 시켜 먹는 손님의 욕구는 떡을 많이 먹고 싶어서다. 그런데 한 주먹은 고사하고, 한 웅큼도 되지 않는 떡이 들어간 떡라면을 천원이나 더 주고 사 먹기 아깝기도 하고, 그런 경험을 자꾸 하다 보니 떡라면은 잘 시키지 않는 것이다.

라면 한 그릇을 팔면 2,000원이 남는다고 치자. 3,000원을 받고 내주면 그리 남는다고 가정해 보자.

그러면 4,000원짜리 떡라면 한 그릇을 팔면 2,500원 정도가 남아야 정답일까? 그게 정말 잘하는 장사일까? 그게 진짜 멋진 장사꾼이 되는 계산법일까?

라면을 팔아서 남는 이익이나 떡라면을 팔아서 남는 이익이나 중요한 것은 라면 자체를 많이 팔아야 한다는 사실이다. 많이 팔리지 않으면 이익은 생기지 않는다. 덜 팔릴수록 적어진다. 급기야 그 식당은 아예 외면을 받아서 망할지도 모를 일이다.

식당의 원가는 35%쯤이어야 한다는 원칙이 언제쯤 깨질지 나는 그게 정말 궁금하다. 왜 그래야 하는지 정말 개탄스럽다.

떡라면도 라면의 일종이다. 그냥 라면만으로는 잘 팔리지 않아서 고명으로 떡을 선택한 거다. 그래서 그 고명을 넣은 떡라면이 잘 팔려야 하는 것이 목표다.

고명으로 추가한 떡에서도 원가 35%를 대입해서 650원이 남아야 하는 것이 아니라는 점이다. 라면을 팔아 2,000원이 남는다면 떡라면을 팔아 2,000원이 남아도 상관없어야 한다.

떡라면을 끓이는데 사람의 수고가 더하면 얼마나 더할까? 라면 대신에 떡라면을 끓이는데 들어가는 가스요금이 들면 얼마나 더 들까?

결론은 비슷하고 차이 없음이다. 어떤 메뉴로 끓여서 팔던 라면을 끓여 파는 것과 기본원가는 달라지지 않는다.

■
그럼, 떡라면을 어떻게 팔아야 하는가?

라면을 아무리 맛있게 끓여도, 철수가 먹은 그냥 라면보다는 영희가 먹은 떡라면이 훨씬 더 맛있을 것이다(떡을 좋아하네 않네의 시비는 사절한다).

3,000원은 낼 만한 가격이고, 4,000원은 버거운 가격도 아니다. 얼마든지 누구나 떡라면쯤은 사 먹을 형편과 사정이 된다.

그럼, 먹게끔 주면 된다.

라면이 잘 팔리지 않아서 만든 떡라면이니까, 추가되는 가격 1,000원어치 모두 떡을 넣어주는 결정을 내리면 간단하다.

그럼, 떡의 양은 아주 많아질 것이다. 떡이 너무 많아서 떡은 남겨야 할지도 모른다.

철수는 3,000원으로 라면을 먹고 아쉽게 일어섰다. 영희는 1,000원을 더 내고 떡을 먹다 남길 정도로 내준 떡라면을 먹고 든든하게 일어섰다.

자, 그럼 다음에 또 어떤 라면을 먹을 것인가?

바로 이런 문제다. 이게 '떡라면론'이다.

이 논리를 대입하면 음식의 가성비를 만들어 내는 일은 어렵지 않다.

가장 한심한 사람들이 팔리지도 않는데 판매가 대비 원가율을 따지는 사람들이다. 3,000원 라면의 원가가 1,000원이라서 30%인 원가와 떡라면 4,000원에 원가 2,000원인 50%의 원가를 비교하는 게 무슨 의미가 있을까?

라면은 그냥 아주 맛있으면 팔릴 수 있다. 그러나 그것도 일정한 시간이 지나면 맛만으로 팔리는 데 한계가 있다. 가성비가 맛은 아니기 때문이다.

그러나 떡라면은 떡에 원가를 다 투입함으로써 차별화가 소문이 나서 내일은 더 많이 팔리는 라면가게가 될 수 있다. 맛은 있을 리 없다(지금 맛을 완성하자는 개념이 아니다). 떡이 너무 많이 들어가서 오히려 라면 맛은 더 못할 수도 있다. 그러나 라면 정도에 장금이 맛을 기대하지 않는 대다수의 손님들은 한 움큼 떡이 전부인 떡라면보다는 남길 정도로 1,000원어치 떡 전부를 넣어 준 떡라면을 훨씬 더 맛있게 먹을 것이다.

떡라면論

작성자 **이경태소장** (115.136.115.245)   18-11-17 08:15   조회 202회   댓글 15건

이전글 다음글   수정 삭제 복사 이동

라면과 떡라면에 대해서 다들 아실 겁니다.
강의에서 가장 중요하게 말하는 포인트입니다.
이 개념 하나만 잡으면, 사실 모든 건 술술..........이라고.

라면 3천원 / 떡라면 3천5백원
1. 라면을 더 팔기 위해서 만든 떡라면입니다.
2. 떡라면을 팔아서 더 남긴다는 생각은 버려야 합니다.
3. 1번을 위한 2번의 개념이 잡히면, 떡라면의 5백원은 남기지 않아도 됩니다.

대한민국에서. 떡 5백원어치 넣어주는 떡라면은.......... 세상 없습니다.
없으니까 손님은 그 떡라면을 찾게 됩니다.
그래서 라면은 팔리지 않고, 죄 떡라면만 팔립니다.

그.렇.게. 라면은 0개 팔리고, 떡라면이 하루 300개씩 팔립니다.
수익은 라면 300개 판 것과 똑같습니다.

그.런.데. 떡라면에서 남기는 집은 라면이 하루 50개에, 떡라면이 하루 10개쯤 팔립니다.

이게 바로 떡라면론이고
이 개념을 모든 메뉴에 적용하면, 아주아주 무서운 카드가 만들어집니다.

제육볶음과 떡라면론

작성자 **이경태소장** (115.136.115.245)   19-12-06 05:23   조회 146회   댓글 5건

이전글 다음글   수정 삭제

그냥 고기만 볶아서 내는 제육볶음은 만원쯤이면 됩니다.
거기에 버섯을 섞어서 볶았다면 그건 더 비싸도 먹을 겁니다.
거기에 더덕을 넣어서 볶았다면, 더덕제육볶음은 2만원도 인정할 겁니다.
(물론, 더덕을 얼마나 넣었는가의 문제일테지만)

이걸~~ 떡라면론으로 풀 수 있습니다.
제육볶음만 팔았다고 생각합니다. 거기서 이익을 남겼다고 생각합니다.
그런데 고기만 넣은 제육볶음으로는 가성비가 나오지 않습니다.
그래서 콜라보가 되는 재료를 섞습니다.(이게 라면에 떡이 되는 셈입니다)
그렇게 버섯제육볶음, 더덕제육볶음, 혹은 버섯더덕제육볶음으로 완성되는 겁니다.

이미 이득은 제육볶음 파는 것에서 봤다면(라면을 원하는대로 팔았다면)
제육볶음을 잘 팔기 위한 고명(떡라면)으로 버섯과 더덕에서는 많이 남기지 않아도 되는 겁니다.

일반적 셈법 = 들어가는 원가를 다 따져서 판매가의 35%를 원가로 넣는다.
맛창식 셈법 =
제육볶음만 팔았을 때 판매가의 4~50%를 넣는다.(이것만 단독 판매가 아니라서다. 곁들임이라서다)
+ 제육볶음을 더 잘 팔기 위한 방법으로 버섯과 더덕을 고명으로 선택한다.
그리고 그 원가는 70%에 육박하게 넣는다.

10
원가 35%를 유지하고 가성비를 주는 비책은 없다!

단언하건데 이런 비책은 없다.

판매가격을 올려도 소용이 없다. 7,000원짜리 돈가스를 9,000원 받는다고 괜찮은 품질을 보여줄 수 있는 방도는 없다. 7,000원에 35%의 원가는 2,500원쯤이다. 9,000원을 받아도 35%의 원가는 3,000원이 겨우다. 500원 더 썼다고 해서 손님이 만족할 만한 가성비를 완성하는 것은 불가능하다. 그 정도로는 티도 나지 않는다. 가격만 올린 꼴이 된다.

그래서 셈법을 바꿔야 한다. 기존에 돈가스를 7,000원에 팔았다면 주인은 7,000원만 받았다고 생각해야 한다. 라면을 파는데 팔리지 않아서 고명으로 떡을 1,000원어치 넣으라는 소리처럼, 7,000원짜리 돈가스로는 매력이 없으니 2,000원어치 원가를 더 들여서 매력적인 9,000원짜리 돈가스로 만들라는 뜻이다.

7,000원의 35%인 원가 2,500원에, 매력을 만들기 위한 2,000원을 모조리 보태면 4,500원의 원가가 된다. 철수는 2,500원이 재료인 돈가스를 먹었고, 영희는 4,500원이 재료인 돈가스를 먹었다. 누가 더 만족할 것인가는 자명하다.

■
계속된 반복에 지치지 말자

이 정도에 지치면 식당이 이기는 산수를 절대 만들 수 없다. 그러면 가성비는 강 건너일 뿐이다. 가성비가 없으니 손님도 늘지 않고, 하루하루가 곤욕스러울 뿐이다. 기대감이 있는 내일은 없고, 내일도 어제 같을 뿐이다. 오늘도 어제는 물론이고, 내일 역시 어제처럼일 뿐이다.

7,000원에 팔아서 얻으려고 했던 65%의 이익만 챙기면 된다. 원래 팔려고 했던 돈가스 가격이면 된다. 돈가스 하나를 팔아서 4,500원이 남으면 된다. 거기서 인건비와 임대료를 주고 생활비를 벌어가면 된다. 9,000원에 팔았다고 더 남긴다는 생각은 버려야 한다. 7,000원으로는 매력적인 돈가스를 만들어 줄 수 없기에 선택한 9,000원이다. 그렇다면 매력에 집중해야 한다. 팔릴 매력을 만드는데

투입하는 원가로 열외시켜야 한다. 7,000원짜리든, 9,000원짜리든 돈가스다. 돈가스를 팔아서 4,500원이 남으면 된다. 그 돈가스를 사 먹는 손님이 늘면 내 수익은 자연히 늘어난다.

많이 팔아서 남은 액수가 중요하지, 판매가 대비 원가율, 마진율은 절대 중요하지 않다. 마진이 90%면 뭐하나? 팔리지 않으면 그 재고는 할인매장으로 넘겨진다. 거기서도 팔리지 않으면 더 낮은 마진으로라도 팔아야 한다. 땡처리라도 팔아야 한다. 팔리지 않으면 남지 않기 때문이다.

Part 3

손님은 매력 있는
식당을 원한다

솔직히 내 가족이 하는 식당도 아닌데, 뭐든 잘하는 식당이 딱히 고마울 것도 없다. 아무리 잘하는 것처럼 보여도 그냥 그렇다. 심드렁하다. 매력이 있기는 한데 그게 진짜 매력처럼 보이지 않는다. 그래서 손님의 평가는 아무리 줄 서는 식당이라도 박하다. 심지어 줄 서는 길이만큼 악플도 길다. 배가 아파서일 것이다. 자신이 손님으로 찾아갔을 때, 유난스런 대접을 당연히 받을 수 없음에도 그저 수많은 손님 중 하나로 대접받은 사실이 기분 나빠서 큰 잘못을 하지 않았음에도 호의적인 글을 남기지 않는다. 그게 팩트다.

그래서 식당은 사전에 그런 손님들의 불만을 깨야 한다. 그게 '가성비'다. 그러나 이 책은 가성비라는 가치를 뛰어넘고 싶다. 누구나 이미 다 알고 떠드는 가성비를 떠나 '매력'에 대한 설명으로 좋은 식당이 되는 길을 안내하고 싶다. 전신 성형을 한 식당만이 살아남는 게 아니다. 단점이 많아도 특출난 장점 하나로 매력을 갖추면 그 식당은 얼마든지 살아남을 수 있다. 매력이 있어야 사람들이 곁에 많다. 매력이 있는 식당이어야 손님이 자발적으로 홍보의 첨병이 되어준다.

약속! 다짐!
삼겹살은 팔지 말자. 돼지갈비 하나만!!
양은 정직하게(속여서 부자될 거 아니다)
추가엔 보답을(많이 드신 손님께 충성ᄽᄽ)

웃는 곰갈비로

1
손님은 정말 많은 메뉴에서
고르고 싶어 할까?

옆 사람에게 물어보자.

"너는 메뉴가 많은 식당이 좋아, 단촐한 식당이 좋아?"

아마도 옆 사람은 당연하다는 듯이

"단촐한 메뉴가 나은 거 아냐"라는 얼굴로 대답할 것이다.

아니, 옆 사람에게 물을 것도 없다. 본인에게 물어도 결과는 같다.

그런데 당신이 식당을 차리면 그 생각이 바뀐다.

불안해서다.

냉면을 팔려고 하면 한겨울이 걱정이고,

삼겹살만 팔려고 하면 돼지갈비 손님은 놓칠 거 같아서다.

돈가스만 팔면 밥이 없어 허전하고,

짬뽕을 팔면 짜장면 손님은 놓칠 거 같아서다.

이유는 그거다. 다른 이유는 없다.

능력이 되어서, 만들 줄 알아서 여러 가지를 하려는 것이 아니다.

오직 손님을 놓칠 거 같은 두려움에 메뉴를 조금씩 늘리다 보니

처음과는 다르게 수십 가지가 된 메뉴판을 얻은 것뿐이다.

대한민국의 식당, 열에 아홉은 모두 이 과정을 겪는다.

대형빌딩 지하에는 식당가가 있다.

그 건물에 상주하는 회사원들을 잡기 위해

열 개쯤의 식당들이 저마다의 상호를 달고 경쟁을 한다.

그런데 막상 메뉴를 보면 웃기다.

분식집에서도 김치찌개를 팔고,

김치찌개집 상호에서도 쫄면을 판다.

김치찌개집에서도 삼겹살을 팔고,

삼겹살집에서도 점심에 김치찌개를 판다.

심지어 호프집에서도 점심 특선으로 김치찌개를 판다.

그렇게 서로 물리고 물린 메뉴가 최소 10가지쯤은 된다.

너도 팔고 나도 파는 메뉴의 교집합이 10개쯤이다.

거기에 각자의 주특기가 있는 메뉴를 또 10개쯤 파니까

어느 집이든 최소 20가지쯤의 메뉴를 취급한다.

그래서 빌딩 지하에 있는 식당의 수는 10개인데,

메뉴의 수는 합치면 200개쯤이 된다.

그리고 그중에서 중복인 메뉴가 50~60개쯤이다.

의심스럽다면 직접 가서 세어보라. 틀리지 않을 것이다.

손님은 정말
어떤 식당을
가고 싶을까?

김치찌개가 먹고 싶을 땐 김치찌개 잘하는 식당을 간다.

그런데 그곳이 자리가 없어 기다리기 싫으니까

옆집의 김치찌개를 먹을 뿐이다.

부대찌개가 먹고 싶을 때는 부대찌개 잘하는 곳에서 먹고 싶지,

삼겹살집에서 파는 부대찌개를 먹고 싶지는 않다.

부대찌개 잘하는 집에 자리는 없고 시간도 없으니까

마지못해 삼겹살집에서 부대찌개를 먹는 거뿐이다.

그래서 주인은 착각하지 말아야 한다.

메뉴를 늘리면 추가된 메뉴가 먹고 싶은 손님이 오더라는 건,

착각이고 늪이다.

망해가는 식당의 늪이다.

혹, 망하진 않더라도 오늘이 어제같고, 내일도 어제같은

연명의 식당으로 하루하루 늙어갈 뿐이다.

빌딩의 회사원들은 지하 10개의 식당을 어떻게 기억하는지 아는가?

○○식당은 돈가스 잘하는 집,

□□식당은 부대찌개 잘하는 집,

◇◇식당은 카레 잘하는 집으로 기억한다.

그래서 그게 먹고 싶을 땐 그 집을 1순위로 잡는다.

그래서 당연히 1순위 집으로 간다.

하지만 자리는 제한되고 빌딩의 회사원은 많으니

여간해서 즉시 먹기는 힘들다.

그래서 기다리든가 아니면 2순위 집, 3순위 집으로

그냥 가는 거뿐이다.

3순위로 카레를 파는 집으로 기억되어 마지못해 온 손님일 뿐이다.

강의에서 가끔 이런 질문을 받는다.

"회사원들 여럿이서 함께 점심을 먹는데,

모두가 같은 메뉴를 먹지는 않을 테니

메뉴가 다양한 게 좋은 거 아닌가요?"

맞는 말이다.

함께 간 사람들이 그날 먹고 싶은 점심 메뉴가 같을 수는 없을 것이다.

그럼, 그걸 뛰어넘어야 하는 이유를 지금부터 설명해 보겠다.

좋다. 회사원을 상대하는 빌딩 지하 식당이니까,

그 여럿이 오는 회사원들을 위해 메뉴를 다양하게 준비했다고 치자.

그럼, 점심 한 시간은 어찌어찌 굴러간다.

그걸로 끝이다.

점심이 끝나면 그 식당은 고요해진다.

하지만 오직 부대찌개 하나만 파는 집은

점심이 지나도 손님이 온다. 점심시간이 길어진다.

과연 어떤 손님들이 올까?

진짜 부대찌개가 먹고 싶은데,

제대로 하는 집에서 제대로 먹고 싶은 사람은 점심을 피해서 온다.

12시에서 1시는 바쁘니까 일찍 가든지, 1시를 지나서 가든지 한다.

여기서 끝이 아니다.

옆 빌딩의 회사원 중에서도

그날 부대찌개가 먹고 싶은 사람이 있을 것이다.

그 사람도 온다. 자기 빌딩 지하에는

제대로인 부대찌개 집이 없으니 옆 빌딩으로 건너오는 것이다.

그뿐만이 아니다.

○○빌딩 지하에 있는 송송식당은 오직 부대찌개 하나만 팔다 보니

인근의 주민들에게까지 소문이 돌아,

회사원들의 바쁜 시간을 피해 느지막이 2시쯤에도 손님이 왔다.

그렇게 하나만 제대로 팔다 보니 10평짜리 작은 지하 식당이

돈을 벌어 다른 빌딩 1층에 40평 규모로 2호점도 차렸다.

오직 한 가지를 잘 팔았기 때문이다.

이게 바로 회사원이 타깃인 빌딩 지하 식당도

한 가지를 팔아야 하는 이유다.

빌딩에 상주하는 회사원 손님은

각 식당의 그 많은 메뉴를 기억하지 않는다.

식당별로 자신들이 나름 잘한다고 정한

한 가지 메뉴만 기억할 뿐이다.

그러니 손님이 여러 가지 메뉴 중에서

한 가지를 잘한다고 기억해 내는 수고를 덜어주려면

애초부터 간판과 동일한 메뉴 한 가지로 승부하는 것이

오피스 주변 식당에서는 더더욱 먹히는 한 방이라는 것을

알아야 한다.

2

손님은 정말
싼 가격을 좋아할까?

손님들에게 이왕이면 싼 게 좋은지 물어보자.

길가는 손님에게라도 물어보자.

아마도 대부분의 사람들은

"비싸도 제대로라면 먹을 거예요"라고 답을 할 것이다.

싸면 팔리는 것은 뻔한 것들이다.

우리가 고민 없이 지갑을 여는 저관여 소비를 할 때는

기왕이면 싼 것이 좋다.

내용물도 다르지 않은데 비싼 라면을 먹을 사람은 없다.

삼겹살집에서 고기 찬이 부실한데 가격은 다른 집과 같다면

다시는 그 집을 방문하지 않을 것이다.

식당으로 성공한 많은 사장님들은

"식당은 박리다매여야 한다"고 말한다.

식당은 그렇게 팔아서 남기는 거라고 말한다.

하지만 그거야 그들처럼 성공한 곳이라서 손님이 오는 집,

말려도 손님이 꾸역꾸역 올 때는 박리다매가 가능하다.

그런데 대부분의 식당은 주인이 누군지도 모르고,

알고 싶어 하지도 않고, 이 집이 뭘 잘하는지 정보도 없다.

블로그를 뒤져서 오는 세상이 되었다고는 하지만,

그 식당 그 음식의 근본까지는 알 길이 없다.

그래서 사람들은 가성비라는 것을 따져서 판단을 한다.

그러다 보니 식당은 싼 가격으로 많이 팔아야 한다.

틀리지 않다. 가격이 싸고 푸짐하면 그거야말로 훌륭한 가성비가 맞다.

그러나 '다매'를 애초부터 하기 어려운 대부분의 식당들이

'박리'에서 가성비를 찾는다는 것은 결코 쉽지 않은 일이다.

하루 벌어 하루 먹고 사는 자영업자에게 '박리'는 무서운 단어다.

그렇게는 어지간히 팔아서 남는 게 적고,

지출이 더 크다는 것을 알기 때문이다.

하지만 그렇게 알면서도 싼 가격을 선택하는 것은 돌파구가 없어서다.

음식 맛에는 자신이 없고, 시설이나 주차도 열악하고,

유명세도 없고, 유들거리는 스킨십도 자신이 없으니

그저 할 일은 가격을 내려서 싼 맛에 오게끔 하는 게

할 수 있는 일이라서 하는 거다.

당신도 장사꾼이다. 남아야 파는 거다.

8,000원에 팔던 김치찌개를 6,000원으로 내려야 하는 심정이

얼마나 오죽한지 잘 안다. 아주 잘 안다.

그런데 당신도 그냥 가격만 내리진 않는다.

8,000원에서 남겨야 하는 이윤을 6,000원에서 남기는 방법은

원가를 덜어내는 방법뿐이다.

김치찌개에 넣었던 돼지고기의 양을 줄이고, 김치의 양도 줄인다.

그래야 식당도 먹고 살 수 있는 탓이다.

그래서 손님은 8,000원 하던 것이 6,000원으로 줄자

횡재한 기분이 들지만, 이내 알아차린다.

가격과 함께 내용물도 줄었다는 사실을 바로 알아차린다.

그래서 2,000원 할인된 현수막을 보고

한 번은 오지만 재차 오는 손님은 없거나,

그걸 미처 못 느끼는 둔감한 손님들만 자리를 채울 뿐이다.

가격을 내리면서 전에 주던 양을 그대로 내주는 식당은

미안하지만 본 적이 없다.

물론 그렇게 주는 집이 있을지도 모른다.

정말로 살기 위해서,

주던 양은 그대로 두고 가격만 내린 간절한 식당도 있을지 모른다.

그럼,
이렇게 하면
어떨까?

정말로 살자고 가격만 내린 정직한(?) 식당 주인이라면

이 방식을 제안한다.

8,000원 김치찌개에 주던 재료의 원가가 3,000원이라고 치자.

그 원가를 유지하고 가격을 6,000원으로 내리면

이익은 3,000원이 된다. 원가율이 50%가 된 셈이다.

6,000원에 이만큼 고기가 들어간 김치찌개는

당연히 자부심이 들 수 있을 것이다.

문제는 6,000원짜리라서 손님은 겪어보기도 전에

'김치찌개 가격이 싸니까 내용물도 별로일 거다'라는 편견이 문제다.

그래서 3,000원어치나 원가가 들어간 김치찌개를

6,000원에 파는데도 손님이 늘지 않는 답답한 경험을 하게 된다.

'이렇게 잘 줘도 손님이 적으면 난 앞으로 어쩌란 말이야?'라는

한탄이 전부일 수 있다.

그래서 22년 노하우를 알려주겠다고 이 책을 쓰는 중이다.

그걸 당신은 목숨을 걸고 건져 내야 한다.

당신의 인생, 당신 가족을 위해서 말이다.

이제 당신은 김치찌개를 팔아서 3,000원만 남기기로 마음을 먹었다.

8,000원에 팔면서 5,000원이 남는 김치찌개는 유지해 낼 수 없다는

결론에 도달했으니 가격을 내려 6,000원에 팔기로 한 것이다.

그렇다면 무조건 3,000원이 한 그릇의 이익금이라고 정하면 된다.

그리고 김치찌개 가격은 8,000원 그대로 받아야 한다.

즉, 판매가격을 2,000원 내리지 말고,

김치찌개 재료에 그 금액 2,000원을 보태는 것이다.

그럼, 원가는 무려 5,000원어치가 된다.

이 차이는 가격을 낮추는 것보다 엄청나게 다르다.

남은 액수 3,000원에 비해 손님이 느끼는 감탄사는

비교할 수 없이 커진다.

철수는 재료가 3,000원인 김치찌개를 6,000원에 먹었다.

영희는 재료가 5,000원인 김치찌개를 8,000원에 먹었다.

누가 더 만족할 것인가?

여기서 중요한 것은 쓰는 입장에서 6,000원과 8,000원의 차이는

실제로 체감이 크지 않다는 점이다.

60만원과 80만원은 체감의 간격이 크지만 2,000원은 그냥 그렇다.

있어도 살고, 없다고 죽는 돈이 아니다.

그런데 재료가 2,000원이나 다른 건 체감이 확 된다.

김치찌개 재료 3,000원에 추가한 2,000원은

단순 계산으로도 66%가 더 들어간 것이다.

양으로 치면 1.6배가 늘어난 것이다.

그걸 체감하지 못할 사람은 없을 것이다.

차이나는 금액 2,000원은 커피 한 잔 값도 안 되는 돈이지만,

입에 들어가는 김치찌개의 양은 1.6배로 늘어나

만족도가 커질 수밖에 없는 것이다.

만족은 여기서 끝나지 않는다.

김치찌개 재료가 5,000원이나 들어간 식당은 인근에 절대 없다.

절대 없으니 소문이 나게 된다.

6,000원을 받고 3,000원의 재료를 넣어주는 김치찌개집은

제법 있을지도 모른다.

또 여전히 8,000원을 받으면서

정량인 3,000원어치를 넣어주는 곳이 대부분이다.

그러니 감동의 크기가 크지 않은 것이다.

그래서 손님도 늘지 않는 것이다.

가격을 내리고도 손님이 없어 가슴에 멍이 드는 식당 주인들.

어떤가? 이래도 가격을 깎아 주는 것이

식당이 살기 위해 시도해야 할 몸부림일까?

3
손님은 정말
가격 할인에 매력을 느낄까?

장사가 안 되는 식당의 수순은 대동소이하다.

누가 그러라고 가르쳐 준 것도 아닐 텐데 참으로 판박이다.

일단은 메뉴를 늘린다. 비빔국수가 없어서 손님이 안 오는 줄 알고,

칼국숫집에서 비빔국수를 새로 만든다.

비빔국수를 만들었으니 비빔밥도 신메뉴로 슬쩍 거든다.

그렇게 조금씩 메뉴를 늘려,

처음 오픈할 때는 칼국수 한두 개 메뉴가 전부였는데,

나중엔 삼겹살까지 팔고 있는 자신을 보게 된다.

그러고서도 매출이 나아지지 않으면

이제는 가격을 건드리는 결정에 다다른다.

고정으로 딱 내리기는 아까우니까, 이벤트성 가격 할인을 선택한다.

1주년 기념 할인, 저녁 특선 할인, 포장하면 얼마 등의 명분을 달아

할인된 가격을 손님에게 선보인다.

그런데 이상하게 손님은 잠깐 반짝일 뿐, 더 이상 늘지 않는다.

심지어 잘 오던 단골들마저 오지 않는다.

왜 그럴까? 어디가 잘못된 것일까? 무엇이 문제일까?

그전에 먹던 손님의 기분을 간과한 것이 패착이다.

1만원에 먹던 삼겹살이라고 치자.

그 삼겹살을 어느 날부터 7,000원으로 할인행사를 한다면,

그전에 자주 왔던 손님의 기분은 어떨까?

그간 자신은 원래 7,000원짜리인 삼겹살을

3,000원씩이나 더 주고 먹은 셈이 되는 것이다.

그것이 아무리 한시적 이벤트라고 해도

자신이 바보짓을 했음에 불쾌한 것이다.

만약 그 이벤트가 한시적이 아니라 무기한이라면

그 배신감은 더할 것이다.

그렇게 배신을 당했는데,

가격이 싸졌다고 찾아갈 손님이 많을 리 만무하다.

그래서 오던 손님이 갑자기 오지 않는 것이다.

이유는 그것뿐이다. 기분이 상했으니 안 가는 거다.

평소 잘 오지도 않던 단골 아닌 단골이

'가격을 낮춰서 파는 게 어떠냐?'고 훈수를 둬서 내린 것은 아니지만,

어쨌든 가격을 내리고 그 손님이 오기를 기다리면 그도 오지 않는다.

그렇게 가격 할인을 권했던 그 단골은 어디에서 무슨 말을 할까?

아마도 이런 말을 하진 않을까?

"저것 봐. 내가 가격 내리라고 했다고 곧바로 내린 거 보면,

원래부터 질이 좋지 않은 고기를 쓴 거야. 그러니까 가격을 내린 거지.

내가 무슨 장사 선생도 아닌데 내 말이 뭐라고 내렸겠어?"

미치고 팔짝 뛸 노릇이지만, 가격이 비싸서 오지 않는 거라고

훈수하던 그 단골 아닌 단골들은 실제로 오지 않는다.

더 가관인 한마디를 예로 든다면 이런 투다.

"난 너무 싼 곳은 좀 그렇더라고. 왠지 찜찜해.

남들 다 받는 가격보다 쌀 때는 이유가 있는 거 아냐?"

그럼,
이렇게 해보면 어떨까?

당신이 입장을 바꿔 보자.

손님이면 이해가 쉽다. 언제든 무슨 상황이든지….

철수는 7,000원짜리 고깃집을 갔다.

맛창 식당, 이유 있는 성공의 비밀

●

영희는 1만원짜리 고깃집을 갔다.

누가 더 창피할까? 아마도 철수가 더 부끄러울 것이다.

대부분의 고깃집들이 1만원이라면 더더욱 그것이 분명하다.

남들보다 싸게 팔 때는 이유가 있어서일 거라는 것은 추측이 뻔하다.

손님이 없어 자구책으로 내린 할인이거나,

유통기한이 임박해 땡처리하듯 하는 할인일 거라는 추측이다.

틀린 말이 아니다. 그런 이유로 할인을 내걸었으니 말이다.

아무리 이벤트성이라도 할인은 할 것이 못된다.

정말 1주년 기념을 감사하고 싶다면 덤으로 줘라.

"1주년 생일이라서 1인분 300g으로 드려요. 한시적이에요"

그럼, 손님도 축하를 전한다.

"1년을 우리 동네 고깃집으로 버텨줘서 고마워. 잘 먹을게"라고

덕담을 날린다.

의구심은 없을 것이다.

유통기한이 다 된 고기라서 더 주고, 싸구려 고기라서 더 준다고

의심의 눈초리를 갖지는 않을 것이다.

그러니 장사가 안 된다고 메뉴를 늘리고, 가격을 할인하는 수순은

밟지 말자. 결론은 뭘해도 뻔하니까 말이다.

셈법을 바꿔야 한다. 그것만이 살길이다.

그것만이 당당하게 손님을 제압하는 길임을 알기 바란다.

4

손님은 진짜로
소주 값 천원에 흥분할까?

음식값 할인보다는 차라리 술값 할인이 낫기는 하다.

술은 직접 만들지 않고 사다가 파는 거니까,

마트보다 보통 3배 정도 가격이 비싸다는 걸 손님도 알기 때문이다.

(참고로 일반인들은 술값을 마트를 기준하지만, 실제 음식점에서 받는 업소

용 술은 세금이 붙어서 더 비싸다. 마트가 훨씬 싸다)

그래서 소주 2,000원, 심지어 원가보다 낮게 손해를 보면서

천원 행사를 하는 집들도 있다.

대한민국 음식점의 소주 값은 3,000~5,000원 정도다.

여기서는 평균 4,000원이라고 해보자.

그럼, 소주를 2,000원에 판다고 손님이 좋아할까?

매출이 오를까?

물론 일시적인 가격 효과는 있을 수 있다.

그런데 실제로 이 행사를 하는 식당을 보면 오래 이어가질 못한다.

여러 가지 이유가 있겠지만 가장 큰 이유는

식당은 술을 곁들여 파는 곳이라서

손님들이 크게 반기지 않는다는 걸 알게 된다.

밥 먹으면서 반주를 하는 사람도 많지 않을 뿐더러,

저녁에 술손님이 많다고 해도 소주병이 늘어나는 만큼

아구찜, 해물탕이 늘지 않는다.

반찬을 리필해 달라거나,

육수를 더 달래서 국물로 안주 삼아 먹는 게 전부라는 걸 깨닫는다.

소주 때문에 손님이 늘 거라는 건 착각이었음을 알게 된다.

앉아서 버티는 시간만 길어지고,

소주병이 아무리 늘어도 2,000원짜리 5병이래야 만원이다.

원래대로라면 2병 반에 만원인데 말이다.

그럼에도 이걸 선택하는 식당의 절박함은 오죽해서일 테다.

그걸 뭐라 할 마음은 없다.

몰라서, 잘 알지 못해서 해온 그간의 방법을

이제라도 바꾸자는 의미에서 꺼내고 들추는 이야기일 뿐이다.

그럼,
소주로 손님에게
매력을 주는 방법은 없을까?

있다. 과감해지면 소주로 매력을 만들어 낼 수 있다.

소주뿐 아니라 술 전체를 포함해서도 얼마든지 가능하다.

자, 철수는 식당에서 소주 한 병을 2,000원에 먹었다.

영희는 식당에서 4,000원짜리 소주 한 병을 시켰는데

주인이 한 병을 1+1으로 줘서 2병을 마셨다.

결과적으로 영희도 소주 한 병을 2,000원에 마신 셈이다.

누가 더 만족할까? 어떤 식당에 매력을 더 느낄까?

소주 한 병에 2,000원을 받으나,

소주 한 병에 한 병을 통 크게 서비스 하나 마찬가지다.

그러나 체감은 다르다. 매력은 엄청나게 다르다.

2,000원짜리 소주는 손님의 기분을 채우는데도 2,000원일 뿐이다.

있어도 그만, 없다고 죽지 않는 2,000원이다.

심지어 손님은 "2,000원이 싸? 마트에서 사면 이보다 싼데 뭐가 싸다고 난리야?"라고 공격도 한다.

원래 그런 법이다. 진상은 뭐든 트집이니 말이다.

반면에 소주 한 병 값에 두 병을 먹게 한 식당은 독특하다.

세상에 그런 식당은 본 적이 없다.

여러 병 마시면 그때 한 병쯤은 서비스로 받았던 거 같은데,

한 병에 한 병은 의외다.

식당의 통이 새삼스럽다.

그래서 그 매력에 찾아가는 식당이 되기도 한다.

청주시 내덕동에 있는 대를 이은 중국집 '금용'이 바로 그렇다.

이 집은 소주와 맥주만 그런 것이 아니라,

비싼 연태고량주도 한 병 주문하면 두 병을 준다.

2만원짜리 연태고량주도 1+1이다.

그래서 항상 손님이 미어진다.

술을 마시지 않는 사람도 그 통 큰 씀씀이에 단골이 되고,

술을 좋아하는 사람들에게 홍보를 한다.

그리고 연태고량주를 짬뽕에 먹기엔 아까우니까

그에 걸맞는 비싼 요리를 시키고,

그래서 테이블 단가가 오르고,

그래서 손님이 또 줄을 서는 선순환이 이어진다.

인스타그램에, 페이스북에 사진 올려주면

음료 한 병 서비스, 소주 한 병 서비스에 손님이 흔들리는 걸 보면,

금용의 '연태고량주 한 병 더'는 막강하다.

뭔가를 하려면 이렇게 제대로 해야 하는 거고,

남들이 보고도 못 따라 오게끔이어야 한다.

연태고량주 한 병에 2만원이고, 15,000원이 남는다고 치자.

그런데 그건 당연히 한 병을 팔아야 남는 것이다.

팔리지 않으면 이익은 빵이다.

식당은 음식을 팔려고 차린 거지, 술을 팔려고 차린 게 아니다.

그럼, 팔리지 않는다고 한숨 쉴 거 없다.

그러나 팔리면 땡큐인 셈이다.

연태고량주 한 병을 팔아 15,000원을 남기나,

두 병을 내줘서 1만원을 남기나의 틈을 찾는 사람이 승자다.

연태고량주를 5,000원 할인해서 15,000원에 판다고

소주 대신에 그걸 사 먹진 않는다.

소주는 4,000원이기 때문이다.

그런데 연태고량주 2만원짜리를 시켰는데

똑같은 연태고량주 한 병을 더 준다면 손님은 흔들린다.

4만원을 2만원에 먹을 수 있기 때문이다.

소주 4,000원짜리를 2,000원에 먹는 게 아니라,

4만원을 2만원으로 먹는다는 셈법에 마음이 흔들리는 것이다.

연태고량주가 어울리는 음식을 파는 집이라면 지금 당장 시작하자.

그래서 소주도 한 병 더, 맥주도 한 병 더,

연태고량주도 한 병 더 주는 거다.

연태고량주가 어울리지 않는다면 산사춘과 백세주도 있다.

음식은 더 시키지 않고 술만 마시면 어떡하냐는 걱정은 말자.

손님이 올지 안 올지도 모르는데

'아구찜 하나 시키고 4시간씩 앉아 있으면 어떡해요?'라는

헛소리와 똑같은 말이다.

술 팔려고 차린 식당이 아니라는 점을 명심하면 된다.

5
손님은 진짜로
짬짜면을 좋아할까?

식당의 메뉴 중에 히트상품이 몇 있다.

그중에 '짬짜면'도 제법 히트상품 상위권이라고 할 수 있다.

나는 중국집에서 주로 짬뽕을 먹는다.

어느 걸 먹을까 별로 고민하는 스타일이 아니라서

열에 아홉은 짬뽕을 먹고, 어쩌다 별미로 짜장면을 먹는다.

그럼, 짬짜면을 먹은 기억은?

아무리 치열하게 따져봐도 짬짜면이 세상에 나온 지 십수 년이고,

그간 먹은 짬뽕이 수백 그릇도 넘을 텐데

짬짜면을 먹은 기억은 한두 번이다.

재미로 한 번, 어쩌다 시키다 보니 한 번,

그렇게 먹었던 것이 전부다.

그러나 지금도 중국집 메뉴판에는 여전히 짬짜면이 있다.

짬뽕과 탕수육도 있고, 짜장과 볶음밥도 있다.

매력이 전혀 없지는 않기에 그럴 것이다.

그럭저럭 팔려서 매출에 도움은 된다는 소리다.

여기서 중요한 것은 일정 부분 도움이 되는 것과

그걸로 치고 나가 리더가 되는 것은 전혀 다르다.

짬짜면을 파는 중국집은 흔하지만, 짬짜면만 파는 식당은 없다.

그것만으로 식당 유지가 될 만큼 강력하지 않다는 것을

중국집 주인들은 알기 때문이다.

이렇게 어정쩡한 아이디어 음식들이 있다.

4번 타자로 주력으로 내세우기엔 불안하고,

서브로 조력자로 놔두기엔 적합한 그런 음식들이 있다.

그러나 결국엔 식당이 결정하면 될 일이다.

한 가지를 파는 게 불안해 여러 가지를 파는 것처럼,

짬짜면만으로는 불안해 대표로 걸지 못했을 뿐이다.

다른 메뉴는 없고, 오직 짬짜면만 한다면 그 식당은

그 매력만으로 손님이 줄 서는 광경을 만들어 낼 수도 있을 것이다.

짬짜면이든, 짜볶면이든, 짬탕면이든

무조건 2개를 동시에 먹는 식당으로 만들고자 결정하면 된다.

그게 차별화고, 그게 매력이다.

불안해서 이것저것 메뉴를 늘리는 식당과는 분명히 차별되는데

스스로가 주저앉아 포기해서

짬짜면 하나만 파는 집이 세상에 없는 것이다.

막국수를
짬짜면처럼
파는 집이 있다

지금도 기억에 선명하다.

천안에 갔을 때 지인이 대박집이라며 함께 간 막국숫집이었다.

나는 냉면과 달리 막국수를 좋아하지 않아 마지못해 갔는데,

엄청나게 긴 대기 줄에 놀랐다.

본관과 별관 모두 적지 않은 크기였는데

대기표를 받아야 먹을 수 있었다.

메뉴는 오직 막국수 하나뿐이었다.

물론 곁들임으로 먹는 지짐이가 있었지만

그건 식사로 먹을 수 있는 게 아니라서

배를 채우기 위한 식사 메뉴로는 막국수가 전부였다.

특이한 것은 보통의 막국수라면

물과 비빔으로 선택하게 되어 있는데 그 집은 그게 없었다.

그냥 그릇에 막국수 두 덩어리가 나왔다.

한 덩어리엔 양념장이 있었다. 그게 달랐다.

직원이 설명하기를

"먼저 양념장이 올라간 막국수를 비벼서 비빔으로 드시고요.

나머지 한 덩어리는 육수를 부어서 물막국수로 드세요"라고 했다.

머리를 맞았다. 이렇게 쉬운 일타쌍피가 세상에 또 있을까 싶었다.

세상에 고민이 필요치 않은 유레카였다.

비빔을 좋아하는 사람은 비빔장을 더 넣어서

두 덩어리를 비비면 그만이고,

물이 좋은 사람은 한 덩어리 위에 올려진 양념을 덜어내고

두 덩어리에 육수를 부어 먹으면 된다.

이거 먹을까 저거 먹을까 고민을 즐기는 사람이라면

직원의 설명대로 먹으면 해결되는 풀이였다.

손님은 선택지가 복잡한 것을 싫어한다.

먹는 데까지 와서 이거 먹을까 저거 먹을까의 고민을

사실은 즐기지 않는다.

오죽하면 메뉴를 딱딱 제 맘대로 고르는 나쁜 남자를

여자들이 멋있게 보냐 말이다.

세상엔 식당이 즐비하다. 너무 많다.

거기서 아무리 자기가 많은 메뉴를 만들어도,

세상은 고사하고 동네 골목 식당의 수와 비교해도

그 가짓수로는 어림도 없다.

그럴 바에는 차라리 한두 가지 메뉴여야 한다.

그렇게 기억되는 것이 훨씬 낫다.

아무리 메뉴가 많아도,

손님은 그 집에서는 다른 거 말고 그거 먹어야

그나마 덜 아까운 음식이라고 이미 결정해 두었기 때문이다.

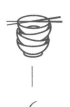

6
손님은 진심으로
인테리어가 멋진 집을 찾을까?

기왕이면 연분홍 치마다.

당연히 예쁜 식당에서 먹는 밥이 더 맛있다.

그건 새삼스러울 것이 못된다.

하지만 그렇게 인테리어가 예쁜 식당이 얼마나 될까?

카페도 아니고 프랜차이즈 커피집도 아닌데

식당이 가게 인테리어에 큰돈을 들여 엄청 예쁘게 하는 건

쉬운 일이 아니다.

일반인들이 자기 집에 쓰는 인테리어 비용은 보통 수천만 원이다.

그런데 남의 건물에 월세로 들어가 식당을 뜯어고치는

인테리어 비용이 억대가 넘는다는 것을 알면,

손님들도 식당의 인테리어를 맘 내키는 대로 지적할 건 없다.

결국 인테리어도 자금 사정에 맞춰서 하는 거고,

인테리어가 승부수라고 믿는 사람들이 그렇게 하는 것뿐이다.

인테리어가 음식의 맛을 좌우한다면 왜 예쁜 식당들이 망했을까?

인테리어가 예뻐서 갔던 식당을 손님들은 왜 꾸준히 찾지 않을까?

진짜 인테리어는
손님이다

가장 멋진 식당이란 증거의 인증샷은 '손님이 가득 찬' 사진이다.

얼마나 식당이 매력적이면 손님이 이렇게 많은지

굳이 설명하지 않아도 된다.

음식의 맛을 억지로 설명하지 않아도 충분하다.

동태탕 한 그릇의 사진과 식당에 가득 찬 손님 사진만으로

모든 것이 명쾌하게 설명이 된다.

철수는 인테리어가 멋진 식당이지만 손님이 적은 곳에서 밥을 먹었다.

영희는 인테리어는 평이하지만, 손님이 꽉찬 식당에서 밥을 먹었다.

만족도의 크기는 따지지 않아도 당연할 것이다.

더군다나 꼬리에 꼬리를 문다고 하는 말처럼,

인테리어만 예쁜 식당은 인증샷 손님 외에는 손님이 별로 없다.

인테리어도 예쁘고, 음식도 멋지고, 거기에 가성비까지 있다면
금상첨화인데,
미안하게도 대체로 인테리어가 뛰어날수록 음식의 질은 떨어진다.
인테리어에 투자한 돈을 음식에서 빼내려는 속셈 때문이다.
(물론 인테리어에 못잖은 가성비로 명성을 떨치는 식당도 제법이지만,
평균적으로 보자면 비싼 월세를 낼수록 음식의 질이 형편없고,
인테리어에 과하게 투자할수록 대체로 음식 재료는 저렴한 것을 찾는다.)
손님은 기왕이면 인테리어가 예쁜 집에서 먹고 싶은 것이 당연하다.
인테리어 때문에 가격이 다른 집에 비해 2배가 아닌 이상은,
약간 더 비싼 정도는 감수하고 먹어준다.
그러나 그것도 한두 번이다.
내 가게의 인테리어도 아닌데 매번 감탄과 감복을 하면서
몇천 원의 값을 더 지불하고 먹어줄 이유는 없다.
그래서 인테리어로 인증샷을 찍은 손님은 그걸로 끝이다.
마치 방송에 나와 유명세인 식당이
길어야 한두 달이면 원래처럼 비는 것과 같은 이치다.

반드시 내용과 내실이 있어야 한다.
식당이라면 당연히 음식 자체에 가성비가 있어야 한다.
음식이 좋은데 인테리어까지 훌륭한 집과
인테리어가 음식을 따라가지 못하는 집을 구분해 보면

단골 손님이 어느 쪽이 많아질지는 자명한 일이다.

손님은 남의 식당 인테리어 값을 부담하면서 먹지 않는다.

그래서 그게 전부일 때 식당은 외면받는 것이다.

7

손님은 진심으로
큰 간판을 기억할까?

대한민국 상가 간판은 거짓을 보태지 않아도 대부분 지저분하다.

게다가 도심지 건물의 간판은 불쾌할 정도로 우후죽순 난리다.

간판의 수가 적으면 경쟁자에게 밀린다고 생각하고,

간판의 크기가 매출의 크기라고 착각들을 하는지

벽에 빈 공간이 없을 정도로 촘촘하게 간판을 달고,

한 뼘이라도 더 크게 간판의 글자를 넣으려고 애를 쓴다.

다행히 간판규제법으로 인해 전보다는 많이 쾌적해지긴 했지만,

그래도 보이지 않는 곳에서는 여전히 간판 싸움이 진행 중이다.

심지어 간판 때문에 칼부림까지 하는 것을 본 적도 있다.

그깟 간판에 식당의 명운을 걸었다니 측은했다.

간판은 그저 간판일 뿐이다.

없으면 불편하지만, 간판이 크다고 식당의 매출을 보장해 주지 않는다.

한 번 물어보자.

당신은 당신이 늘 지나는 길의 상가에 걸린 간판 이름을 기억하는가?

매일 가는 슈퍼의 이름도 솔직히 모를 것이다.

잘 가는 분식집 상호가 나라인지 천국인지는 지금도 헷갈릴 것이다.

단골로 가는 호프집 이름도

상호 대신에 ○○아파트 105동 건너편 2층이라고 설명할 것이다.

간판은 남의 상호일 뿐이다. 내 것이 아니라 남의 것이다.

내 이름도 아닌 남의 이름을 기억해 주어야 할 이유가 있는가?

전혀 없다.

그래서 출근길에 매일 지나치는 식당의 이름도 모르는 것이고,

매일 장을 보는 시장길에 있는 가게의 이름이

케이마트인지 케이슈퍼인지도 모르는 것이다.

남의 거라서 중요하지 않아서다.

그래서 그렇기 때문에 그럴수록

'간판은 크게 걸어야 한다'고 반론하는 분들이 있다.

맞다. 틀린 말은 아니다. 하지만 그렇다고 정답도 아니다.

간판이 손님을 끌어오는 건 아니다.

간판으로 거기에 뭐가 있다는 것을 알리는 데는 성공했지만,

맛창 식당, 이유 있는 성공의 비밀

손님을 끌어들여 자신의 상품을 파는 데까지 성공한 것은 아니다.

왜냐하면 간판이 여러 개에 크기도 남부럽지 않은데도

장사가 안 되어 파리 날리는 가게는 수두룩하기 때문이다.

우리 동네 상가에 제일 크게 간판을 매달았던 빵집이

가장 먼저 문을 닫은 것도 봐서 알고 있다.

인테리어가 예쁘다고 매출을 담보하는 것이 아니듯,

간판이 크다고, 여러 개라고

손님이 선택지를 거기로 둔다는 것은 참으로 유약한 발상이다.

자기에게나 변명하는 논리에 지나지 않는다.

많은 돈을 간판에 투자하고 스스로를 위로하는 핑계에 지나지 않는다.

간판은
사람들에게 말을 거는 도구다

간판은 내 가게 앞을 생각없이 지나는 사람들을

손님으로 만들기 위해 주인 대신에 말을 걸어주는 역할이어야 한다.

사람들이 하등 관심없는 남의 집 상호가 아니라,

궁금증을 유발해 가게 문을 열고 들어오게끔 하는 장치로서

간판을 활용할 때 가치가 배가 되는 것이다.

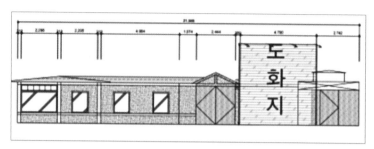

8

손님은 솔직히
주인의 말 걸기를 귀찮아할까?

"당신이 가는 식당에서 주인이 당신을 알아보고

말을 건네는 경우가 많은가?"

보통 성격이 호방하고 외향적인 손님이라면 모를까,

대부분의 얌전한 손님들은

자신을 알아보는 식당 주인을 만나기 힘들다.

어떤 사건·사고로 기억되지 않는다면 여러 번을 가도

언제나 처음 온 손님처럼 대하는 주인을 볼 뿐이다.

그래서 손님은 외롭다. 그리고 식당도 외롭다.

확실한 단골이 적어 매출이 들쑥날쑥이라서도 외롭지만,

한동네 주민도 단골이 아니라는 사실에 외롭다.

그런, 이렇게 물을 수 있다.

"식당 주인이 먼저 손님에게 말을 걸게 하면 되는 거 아니냐?"

그런데 그것도 어렵다.

자신을 알아보는 걸 싫어하는 손님도 있고,

말 거는 것을 귀찮아하는 손님도 있기 때문이다.

그래서 괜한 분란을 일으키기보다는, 침묵이 중간은 간다고

알아도 모르는 척하는 주인들이 더 많은 게 사실이다.

손님은 과하게 선을 넘는 주인을 싫어한다.

몇 번 봤다고 절반은 말을 짧게 하면서 말을 붙이는데

기분 좋을 손님은 없다.

특히 쓸데없는 것까지 말 거는 주인은 더더욱 싫어한다.

식당에서 정치 이야기를 꺼내고,

밥 먹는데 간밤의 축구 이야기를 던져서 어쩌라는 건가?

하지만 겸손하게 말 거는 주인을 누가 싫어할까?

적당한 선에서 끊을 줄 아는 멘트의 주인을 누가 싫어할까?

손님이 원하는 바에 대해 거들고,

손님의 권리를 침해하는 선을 넘지 않고 적당하다면

누가 싫어할까?

지나치게, 앞뒤 없이, 자기 편한 대로 말 거는 주인을 싫어할 뿐이다.

손님이
원하는 것은
진심이다

처음 갔는데도 단골 대하듯 하는 주인을 보면 순간 섬뜩하다.

장삿속이 과하게 내비치는 멘트는 불편하다.

식당은 음식의 맛과 가성비로 보여주면 되는데,

그것과 무관한 이야기로 친구하자고 덤비니까 싫은 것이다.

가게 문을 열고 들어오는 손님의 얼굴은 쳐다보지도 않고

"안녕하세요?"라고 말하는 거나,

상에 남은 음식을 흘낏이라도 보고서 묻는

"맛있게 드셨나요?"가 아니라서 짜증이 나는 거다.

분명히 냉담한 기색의 손님 카드를 받아들고도

"다음에 또 오세요"라고 말하니까 그날로 손절하게 되는 거다.

진심으로 웃으면서 말하고,

진심으로 손님의 얼굴을 보면서 상황에 맞는 말을 걸어주면

누가 싫어할까?

단골을
편해하지 말고,
편애해야 한다

"단골이시니까 자리 양보 좀 부탁드릴게요. 죄송해요"

이렇게 말하지만 얼굴엔 죄송한 게 없다.

나는 단골이라고 생각지도 않는데 주인이 단골 어쩌고 하면서

같은 돈을 내는 내 영역을 침범하니까 정나미가 떨어진다.

하지만 "단골이라서 저희 먹는 거 좀 챙겨봤어요"라면서

다른 테이블에 주지 않는 반찬을 주는데 누가 싫어할까?

필자가 청춘일 때 한양대 앞에 잘 가는 식당 두 곳이 있었다.

하나는 학사주점이었는데, 가끔 이른 시간에 가면

메뉴판에도 없는 라면을 끓여 손자 대하듯 주시는 곳이었고,

하나는 작은 호프집이었는데, 뻥튀기 하나 주면서

"단골이니까 자리 좀 옮겨줘" 소리를 입에 달고 살던 곳이었다.

학사주점은 마음이 아련하고, 호프집은 씁쓸하다.

단골은 호갱이 아니다.

단골이라서 더 대접을 받아야 하는 존재다.

그런 선의가 있어야 단골이 되고 싶어진다.

단골이 되어 자리 빼주고, 바쁜 시간에 얼른 비워주는

그런 역할만이 단골이라면 누가 자청할 것인가?

9

손님은 솔직히
식당의 친절이 부담스러울까?

식당의 성공엔 QSC가 필요하다고 한다.

QSC는 품질과 서비스, 청결을 말하는데,

20년 넘게 식당과 비즈니스를 해보니

이것보다 더 중요한 건 '친절'이었다.

친절과 서비스는 다르다. 나는 다르다고 본다.

서비스는 비즈니스를 위함이고, 친절은 근본이다. 이타다. 진심이다.

서비스는 진심이 없어도 할 수 있다.

서비스는 꼼수로 손님을 위한 것인 척할 수도 있다.

서비스는 매출을 위해 무릎을 꿇고 주문을 받을 수도 있다.

하지만 친절은 다르다. 그건 마음에 있어야 가능하다.

그건 장삿속과는 상관이 없다.

그건 남을 배려하는 마음이 먼저 있을 때 드러나는 자연스러움이다.

친절에 진심이 있고, 목적이 따로 있지 않다면

손님이 인원수보다 적게 시켜도 괜찮다.

4명이서 고기를 3인분 시켜도 상관없다.

고기가 맛있다면 당연히 더 시켜 먹을 게 분명한데 뭐 어떤가?

손님 4명이 감자탕 小자를 시켜도 된다.

감자탕이 맛있다는 것을 알면 뼈 추가를 하거나 다음에 또 올 텐데

싫을 일이 뭐 있을까 말이다.

자기집 음식이 다음에 다시 올 만큼이 아니라서,

스스로 생각해도 또 오지 않을 맛이니까,

지금 이 자리에서 인원수만큼의 매출을 뽑지 않으면

다음 기회는 없다는 생각에 손님을 불편하게 하는 것이다.

주인은 거리에 식당을 만들었다.

식당이라는 틀이 있어야 손님이 올 수 있어서 그 틀을 만든 것이다.

그래서 들어와 준 손님이라면 무조건 친절해야 한다.

오해하지 말자. 손님은 왕이고 갑이라는 소리가 아니다.

사람과 사람으로서의 친절, 주인이 손님에게 기본적으로

응당 해야 할 친절을 말하는 것뿐이다.

과도한 굽신거림이 친절, 지나친 수용도 해야 하는 것이

친절이라는 소리가 아니다.

맛창 식당, 이유 있는 성공의 비밀

그럼,
어떻게
친절해야 할까?

자신이 손님의 입장일 때 어떤 친절을 원하는지 정리하면 된다.

내가 손님이라면 어떻게 해줄 때

그 식당이 친절하다고 느꼈는지를 기억하고 실천에 옮기면 된다.

식당 문을 넘어오는 손님은 살까 말까의 판매점 손님이 아니다.

먹겠다고 결정을 해서 넘어온 손님이다.

'하는 거 봐서 친절하게 할게'는 말이 되지 않는다.

들어온 손님의 얼굴을 정확히 보고 웃으면서 인사를 하는 게

첫 번째 친절이다.

비싼 걸 시키면 웃고, 싼 걸 시키면 정색하는 게

친절이 아니라는 것쯤은 다 알 것이다.

인원수 주문을 강요할 필요가 없다.

앞서의 말처럼 손님이 식당의 문을 넘어온 것은

먹겠다는 결심이 되었기 때문이다.

몇 인분을 먹는지는 중요하지 않다.

같이 온 일행이 밥을 먹었는데도 우리집에 들어왔다면

엄청 고마워 해야 할 일이다.

먹지 않을 그 손님까지 내 식당을 경험하고 돌아가

한 번이라도 더 생각해 줄 테니까 말이다.

여럿이 와서 적게 먹는 진상들이라고 말하지 말자.

원칙만 있으면 된다.

식당의 테이블은 4인을 기준한다.

그러니까 거기서 둘이 먹어도 그만이고, 넷이 먹어도 괜찮다.

넷이서 2인분을 주문해 먹는다고 반칙이라는 건 식당의 오판이다.

넷 중에 둘은 이미 밥을 먹었음에도,

안 먹은 둘을 위해 많고 많은 다른 식당을 놔두고

우리집에 오게끔 허락해 준 고마운 분들이지 진상이 아니다.

"여럿이서 작게 시키고 반찬을 마구 먹으니까 싫은 겁니다"라는

반론에는 이렇게 답을 주고 싶다.

"그럼, 둘이서 2인분 시키면 반찬을 10번 달라고 해도 줄 건가요?"

이 업만 20년이 넘다 보니

별별 상황에 대한 경험이 있고, 대책이 있다.

원칙은 이것이다.

5명이라도 한 테이블을 쓰면서 주문하면

그 양은 손님이 결정하는 게 맞다는 원칙이다.

5명이 한 테이블에서 3인분(2인분을 시키는 진상은 극히 드물다)을

시킨다고 째려볼 것이 없다는 소리다.

4명이서 두 테이블로 쪼개 앉아 2인분씩 시키는 게

식당이 더 손해라는 사실을 알아야 한다.

그것도 바쁠 때 모든 테이블이 둘둘(2인분)이라고 생각해 보자.
머리가 지끈할 것이다.

불러서 가면 심부름,
부르기 전에 가면
서비스다

이것이 바로 진짜 친절이다.

손님이 불렀을 때 가서 웃고 잘 해주는 서비스는 입바른 립서비스다.

그조차도 하지 않는 식당이 많지만,

대체로는 불러서 시킨 심부름은 잘 해주는 편이다.

그러나 그것 정도로는 식당의 매력을 손님에게 전달할 수 없다.

부르기 전에 챙겨야 한다.

어차피 식당은 일하려고 나온 곳이다.

주인도 돈을 벌려고 차린 식당이고,

식당에서 일하는 알바도 다른 곳보다 귀찮고 힘들어도

그나마 일이 있으니 식당 알바를 하는 것이다.

그러니까 불러서 갈 이유가 없다.

부르기 전에 가면 힘은 들지만 손님이 고마워해 주니까 기운도 난다.

게다가 시간도 잘 간다. 여러모로 득이다.

Part 4

식당, 생각을 바꾸면
매력이 보인다

식당을 차리는 데는 당연히 시험을 보지 않는다. 누구나 맘만 먹으면 금세 차릴 수 있다. 그래서일까? 식당은 엉터리 공식이 너무 많다. 누가 그렇게 하라고 가르쳐 준 것도 아닌데, 마치 그건 그래야 하는 것처럼 통일된 공식들이 너무 많다.

그게 좋은 방향이라면 상향평준화가 될텐데, 어리석은 방향을 공유하고 고집하는 탓에 식당은 하향평준화가 일반적이다. 그래서 제대로 인 싸움보다는 홍보싸움, 원조싸움, 규모싸움, 자리싸움이 전부인 경쟁을 하고 있다. 물론 그걸 뛰어넘었기에 승승장구하는 식당도 있다. 필자의 지혜는 감도 안 되게 훨씬 더 고급지고 담백한 장사의 기술을 구사하는 식당들도 부지기수다. 그러나 생계형으로 시작한 대부분의 식당 창업자들은 아무리 설명해도 이해가 어렵다.

억대가 넘는 고급 인테리어를 한 대형식당에 갔다. 주인은 차려만 놓고 사라진 지 오래다. 주인도 없는 식당에서 직원과 알바들은 음식을 대충 만들어 내줬다. 돈이 아까울 정도로 허술하게 만든 음식이었다. 다시 그 집을 갈 이유가 없었다.

겨우 몇천만 원이 들었음직한 작은 식당에 갔다. 원래 있던 식당 자리에 기물만 들여놓고 주인은 홀과 주방을 왔다 갔다 하며 땀을 흘린다. 인건비를 아끼려고 혼자서 슈퍼맨이 되니 음식은 도통 만족스럽지 않았다. 그 집을 다시 갈 까닭이 없었다.

　　식당은 돈으로만 매력을 살 수 있는 것도 아니고, 주인의 열정만으로 매력이 생기는 것도 아니다. 여러 가지가 들어 맞아야 매력적인 식당을 만들 수 있다. 그런데 배울 길이 없고, 어떻게 해야 매력적인 식당을 완성하는지 전문가들조차 모른다. 그래서 이 책은, 매력적인 식당 만들기라는 측면에서 읽어 볼 필요가 분명하다.

1
왜 밥을 일부러 맛없게
죽여서 파는가?

식당의 밥은 집밥보다 맛이 없다. 대부분은 좋지 않은 쌀을 쓴 탓이라고 하는데, 많은 전문가들의 의견은 다르다. 그 이유는 바로 공깃밥이기 때문이다. 밥을 지어서 숨을 못 쉬게 스텐 공기에 담아 열이 펄펄 끓는 온장고에 보관했으니, 이미 그 밥은 밥으로써의 생명이 끝난 것이다.

아무리 좋은 쌀로 밥을 지어도 결과는 비슷하다. 쌀의 품질은 공기 뚜껑을 덮는 순간 의미가 없어진다. 거기에 주인의 인심이 크면 밥은 더 맛이 없어진다. 많이 먹으라고 밥을 꾹꾹 눌러 담아둔 그 밥맛은 떡맛에 가깝다. 비빔밥에 털어 넣으려 해도 얼마나 많은 밥이 담겼는지 떨어지지도 않는다. 주인의 인심이 더 못한 밥을 준 결과가 되어 버렸다.

"바쁜 점심시간에 언제 밥을 일일이 퍼서 내주냐? 그렇게 하려면 일손 하나가 더 필요한데!"

대부분의 식당의 반론은 이거다. 맞다. 대부분의 식당이 하는 반론은 거의 맞다. 단, 그로 인해 식당의 매력이 상실한다는 것도 분명하다는 점이다. 거기까지를 인정하는 사람은 어떤 식으로든 개선책을 찾고, 그걸 인정하지 않는 사람은 내일도 모레도 여전히 똑같은 어제의 모습대로 장사를 한다는 점이다. 그래서 나아짐도 없을 뿐이다.

비싼 솥밥 기계를 들여서 밥을 하라는 소리가 아니다. 한 번에 대량으로 해내는 가스밥솥 50인용짜리 말고 전기밥솥 여러 개로 밥을 짓는 것도 방법이 된다. 12인분이 가능한 전기밥솥 5개쯤을 준비해 10인분씩 밥을 짓는 것이다. 그것도 순차적으로 지어 밥이 완성되는 시간을 차이나게 하면 오래된 밥에 대한 걱정은 덜게 될 것이다. 그리고 그 밥을 퍼주는 수고를 한다면, 비싼 쌀로 밥을 짓지 않아도 손님들에게 훨씬 밥에 대한 칭찬을 듣게 될 것이다. 물론 여전히 밥을 퍼주는 시간에 대한 수고가 식당의 문제점이라고 우기는 분들에게는 더 이상 할 말이 없다.

손님은 기왕이면 솥밥을 주는 식당으로 자연스럽게 단골을 옮긴다는 사실을 본인만 모를 뿐이다. 남들은 밥을 1인분, 2인분으로 지어서도 내주는데 10인분씩 밥을 해서 그걸 퍼주는 그 수고가 정말 그리도 못할 일인지는 결국 본인에게 달렸다.

굳이 공깃밥에 담아 보관히는 방식을 못 버리겠다면 최소한 할 수 있는 방법은 이거다. 밥을 최대한 설렁하게 퍼라. 그래서 밥이 숨을 쉬게 하자. 그리고 눌러 담지 않은 밥이라 양이 적을 테니 2인에게 공깃밥 3개를 주는 거다. 그조차도 도저히 억울해 못하겠다면 매력 있는 식당이 되는 길은 포기할 수밖에 없을 거 같다.

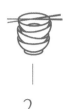

2
왜 전골엔 공깃밥이
별도여야 하는가?

정말로 이상한 일이다. 감자탕집에 가면 7,000~8,000원짜리 뚝배기는 공깃밥을 주고, 그보다 비싼 2~3만원짜리 전골에는 공깃밥이 별도다. 코다리찜도 정식 1만원짜리에는 공깃밥을 주는데, 더 비싼 코다리 小자 25,000원짜리를 시키면 공깃밥은 별도다. 아구찜도 그렇고, 해물탕도 그렇다. 그래서 손님은 양이 적어도 빈정 상하면서까지 먹고 싶지 않아서 전골을, 코다리 小자를, 아구찜을 식사로 먹지 않는다. 그냥 뚝배기 하나로 때우고, 양이 적은 코다리찜 정식으로 대충 먹는다. 돈이 있어도 아구찜 대신에 1인용 아구탕을 주문한다. 공깃밥이 따라 나오기 때문이다.

공깃밥 원가는 300~400원 정도다. 비싸다고 해도 500원이다. 좋다. 공깃밥의 원가가 얼마인가를 따지자는 것도 아니고, 무조건 그냥 줘야 한다는 말도 아니다. 중요한 핵심은 왜 싼 거에는 주고, 비싼 거에는 주지 않느냐는 것이다. 싼 거에도 주는데, 왜 비싼 거에는 별도라고 표기를 하는지 정당한 이유도 없으면서 메뉴판을 고치지 않는 용기가 뭐냔 말이다.

바꾸면 된다. 뚝배기에도 공깃밥 별도를 할 건지, 아니면 전골에 공깃밥 포함이라고 할 건지 결정해서 바꾸자. 그럼 된다.

1인분에 1만원짜리 코다리찜 정식을 만들어 점심에 따로 팔 이유가 없다. 코다리찜이 생각나서 먹고 싶은 사람은 2명이 코다리 정식으로 2만원이든, 코다리찜 小자 25,000원이든 상관 없다. 공깃밥이 별도인 27,000원이 비싸서가 아니라 빈정이 상해서 정식 2개를 주문할 뿐이다. 아니라고 우길 필요 없다. 바꿔 보면 안다.

당신의 생각만 바꾸면 된다.

공깃밥을 주면 점심에도 아구찜 小자를 팔 수 있다. 아구찜 小자 25,000원이 아닌 4만원짜리도 점심에 얼마든지 팔 수 있다. 점심에 1만원짜리 아구찜 정식을 수고스럽게 조리할 이유가 없는 것이다.

명심해야 한다. 손님이 점심에 아구찜 小자, 코다리찜 小자를 먹지 않는 까닭은 당신이 써붙인 1인분 만원짜리 정식 메뉴가 있어서이고, 주메뉴와 상관없이 역시나 1만원 미만으로 만들어 팔 수 있는 점심 특선이 따로 있어서 팔리지 않았던 것뿐이다.

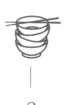

3
왜 평일 점심과 주말 점심은
가격이 다른가?

일단 뷔페가 그렇다. 평일이 주말보다 당연히 싸다. 반대로 주말은 무조건 더 비싸다. 코스요리를 파는 중식당도 그렇다. 주말은 반드시 비싸다. 이유는 자명하다. 평일보다 손님이 많으니 주말엔 더 받아도 된다는 계산일 수 있고, 조금 더 현명하게 말할 줄 아는 사람이라면 "원래 주말 가격이 정상인데, 평일에 손님이 대체적으로 적어 할인한 가격을 써둔 겁니다"라고 거짓말을 사실인 것처럼 꾸며댈 수도 있다.

평일에 할인가로 서비스한다는 소리는 거짓이다. 왜냐하면 평일은 5일이고, 주말은 이틀이다. 정상가격을 이틀만 받고, 할인가격을 5일씩 준다는 소리가 타당하게 이해되는지 본인 스스로에게 물어보

자. 그냥 주말엔 더 받아도 손님이 그게 타박을 안 하니까 더 받겠다는 소리다.

그렇게 받아도 매출에 문제가 없으니 그 이상한 계산법을 유지하는 것이다. 그런데 어느 날부터 이 불편한 진실이 현실이 되면 그때 식당은 고민하게 된다. 가격 차등으로 인해 주말에 손님이 적어지면 그제서야 가격을 내리기는 자존심이 상하고 여러 가지 반발의 수가 염려되어, 주말 점심에 한해 뭔가를 더 주는 전술을 꺼내 든다. 평일 점심 뷔페에는 전복을 빼고, 주말엔 준다든지 하는 식이다.

애초에 이렇게 하는 식당도 있다. 나름 공부한 식당들은 평일 점심보다 주말 점심의 가짓수를 더 늘리고 가격이 차등된다는 합당한 이유를 내건다.

자, 생각해 보자. 1주일은 7일이다. 주말 이틀에 아무리 많은 손님을 받는다 쳐도, 평일 5일의 매출을 올리는 것이 절대적으로 현명하지 않을까? 평일에 손님이 많은 집이 주말에 적은 경우는 없다. 평일엔 적다가 주말에 3배쯤 되는 식당은 많지만 말이다. 아마도 그래서 평일의 손실을 주말 3배의 손님을 통해 보상받기 위해 가격 차등을 하는 거라면, 그 이유가 반박의 이유가 될 수는 있다.

하지만 그렇게 어렵게 계산하지 않더라도 평일 5일이 잘되면 주말은 저절로 잘된다. 그럼, 식당의 매력 발산을 평일 5일에 하는 것이 더 낫지 않을까?

아주 쉽다. '평일 점심과 주말 점심의 값은 똑같습니다'라고 써두는 거다. 주말에 받기로 한 가격으로 평일 가격을 올려 책정해도 좋고, 주말 가격을 평일 가격으로 내려 같은 가격을 매겨도 좋다. 어떤 가격으로 하느냐가 이 글의 중요한 쟁점은 아니라서다. 핵심은 차이가 있는 가격은 매력이 없다는 점을 말하고자 함이다. 그럼, 평일에 먹는 사람들이 은연중에 가질 수 있는, 주말보다 싸서 먹는다는 부끄러움을 가질 필요가 없어진다. 당당하다. 그래서 군이 바쁜 주말에 올 필요가 없는 사람들은 평일에 식당을 즐겨 찾을 것이다. 여기에 한 발짝 더 나가, 내가 뷔페나 중식당 코스를 만든다면 "평일과 주말 가격이 똑같지만, 평일에는 서비스 하나를 더 드립니다"라고 써붙일 거다. 이유는 단순하다. 평일 점심은 5일이기 때문이다.

4
4인 상에 된장찌개 하나,
어쩌란 말인가?

고깃집에서야 고기 찬으로 된장찌개 하나는 당연하고, 일반 한식집에서도 찬으로 내줄 때 된장찌개를 하나 내준다. 아직까지 찬으로 주는 된장찌개를 인원수대로 주는 집은 본 적이 없다. 찬으로 주는 찌개라서 테이블당 1개라는 건 맞다. 시비 걸 내용이 아니다. 1인 식판에 개별로 담아주는 밥상이 아닌 다음에야 반찬은 테이블당 한 가지씩이 맞다.

하지만 지금 이 책은 매력 있는 식당, 그래서 손님이 또 오게끔 하는 식당이 되자는 이야기를 하는 중이다. 된장찌개는 불편한 진실이고, 그 진실을 깨서 매력이 있는 상차림이 되었으면 하는 바람인 것이다. 그렇다면 된장찌개를 반찬으로 줄 때는 어떡하면 될까?

과거의 손님들은 정이 넘쳐 직장인들끼리 같은 찌개에 수저를 담 갔다. 먹던 수저로 심지어 계란찜도 서슴지 않았다. 그러나 지금은 질색이다. 가족 외에는 절대 남과 같은 수저를 사용하고 싶어하지 않는다. 그래서 찬으로 된장찌개를 줘야 한다면,

1. 큰 뚝배기에 담아서 내준다. 그게 그저 반찬으로서의 매력이 전 부라면 내용물이 대단할 필요는 없다. 그저 국물로 떠먹기 좋은 된장찌개여도 상관없다. 대신 양을 많이 줘서 골고루에게 반찬이 되게 해주면 된다.

2. 반드시 국자를 내놓고, 된장찌개를 떠먹을 앞접시 하나씩을 더 내줘 야 한다. 국자가 있으면 함부로 수저를 담그지 못할 것이다. 그 리고 덜어낼 무언가가 있어야 덜 것 아닌가? 밥 위에 덜 수는 없 는 일이니 말이다.

정말로 평범한 된장찌개 하나로 매력을 만들고 싶다면 이 방식이 야말로 돌직구다. 된장찌개에 차돌을 듬뿍 넣어주는 건 이제 고루한 레시피다. 그렇게 뭔가를 잔뜩 넣지 않아도 손님에게 어필할 수 있는 매력은 1인당 1개씩이다. 제일 작은 1호 뚝배기면 된다. 사이즈가 작아 서 반찬으로 인당 하나씩 내주어도 상이 넘치지 않는다. 오히려 잘 먹지도 않는 반찬은 빼고, 된장찌개 4개를 깔면 상이 더 푸짐해 보일 수 있다. 물론 당연히 번거롭다. 그래서 알면서도 못할 수 있다. 하지 만 그런 경쟁자들과 달리 당신이 해낸다면 당신의 식당에 손님이 몰

리는 것은 당연지사다.

　귀찮고 번거로운 것을 하는 식당이 이기는 법이다. 세상은 그렇다. 대단한 비책이어야 무조건 이긴다면 그게 없는 사람은 늘 바닥을 벗 삼아야 할 테니 말이다.

5

먹지도 않는 반찬을
바꾸지 않는 까닭은?

　성의가 있는 식당에서는 7~8가지의 반찬을 내준다. 주부라면 반찬 여러 가지를 준비하는 일이 얼마나 고되고 어려운 일인지 잘 알 것이다. 그런데 그 주부인 손님이 식당의 반찬을 보는 순간 실망을 한다. 손이 갈만한 반찬이 없다는 걸 알아차려서다. 반찬의 재료는 죄 나물에 저렴한 천사채나 단무지를 이용한 것들일 때, 젓가락질을 할 곳이 없어진다. 심지어 눈으로 먹는 반찬으로도 불편하다. 그래서 한 켠으로 밀어내고 밥을 먹어야 한다.

　그런 식당을 다시 가고 싶지는 않을 것이다. 농담이겠지만, 분명 농담일 테지만 "반찬이 너무 맛있으면 자주 달래서 식당에 피해가 깊다"는 말을 들은 적이 있다. 놀랬다. 그런 생각을 하는 주인이 진짜로 있구나 싶었다. 그렇게 해서 진짜 식당에 피해가 있는지 묻고 싶다. 매출이 나아져야 식당에 이로운 것인지, 반찬을 먹지 않아서 재료비가 덜 들어가는 것이 이익인지 묻고 싶다.

여러 가지 반찬을 만들 필요는 없다. 그건 한정식집이나 백반집으로 넘기자. 그걸 좋아하는 손님들은 거기로 가시라고 손님을 보내주자. 그리고 내 식당에서는 딱 먹을 만한, 손이 갈 만한 반찬만 만들면 된다. 그 반찬의 원가가 높다면 정당하게 밝히자. 손님은 수많은 식당을 경험한 초절정 고수라서 어지간한 진심에는 이해를 해준다.

"싸구려 재료로 드시지도 않을 반찬을 만들어 내는 것이 싫어서, 양질의 재료로 반찬을 만듭니다. 그래서 잦은 리필은 식당에 부담이 되니, 맛있어 추가하는 반찬은 추가 값을 부득이하게 매깁니다. 대신, 첫 반찬은 남기지 않을 만큼 맛있게 준비합니다."

이렇게 길게 써도 좋다. 음식이 나올 때까지 손님이 기다리는 시간에 얼마든지 읽을 것이다. 그리고 손님이 첫 반찬을 보고 납득할 만한 수준으로 내준다면, 손님은 신사 숙녀가 될 것이다. 그리고 덤도 없게 될 것이다.

"이 식당은 반찬도 좋은 재료를 쓰니까, 메인은 더 확실할 거야."

반찬은 공짜라는 인식을 손님도 버려야 한다. 식당의 주방은 가정집의 주방보다 훨씬 더 힘들고 고생스럽다는 점을 이해하고 배려하는 마음도 있어야 한다. 그래야 좋은 음식을 식당에서 먹을 수 있다.

맛창 식당, 이유 있는 성공의 비밀

●

6
비싼 메뉴인데
35%를 고집하는 이유는?

　백숙집은 보통 한 마리에 5만원 정도다. 이때 닭의 원가는 토종닭이라도 만원 안팎이다. 만일 그 닭이 육계용이라면 13호(1,300g) 큰 닭이라고 해도 4,000원 남짓이다. 그런 닭에 인삼 한 뿌리와 재료 얼마쯤 담아서 삶아주고 5만원, 능이라도 넣어서 삶았다면 6만원을 넘는다.

　필자가 생각하는 식당의 오판 중 원가율 35%가 정말 맞다고 쳐도, 판매가 대비 그 원가의 폭은 달라져야 한다. 판매가 1만원짜리에 원가 35%면 6,500원이 남는다. 5만원짜리 음식에 원가 35%면 3만원 이상이 남는다. 6,500원과 3만원은 다르다. 한 테이블에서 3만원을 반드시 남겨야만 이기는 식당이 아니다. 판매가격이 높을수록 마진이 줄

더라도 원가를 더 투입해야 한다.

손님의 입장에서는 백숙 5만원이 비싼 게 아니다. 5만원 대비 내준 상차림의 원가를 나름 짐작할 때 비싸다고 느끼는 거다. 만일 백숙을 시켰는데 손님이 속으로 '아니 이렇게 잘 주고도 5만원이라고? 그럼, 이건 내가 손해가 아닌데? 내가 오히려 선택을 잘한 거야'라고 생각한다면 그 손님에게 백숙 5만원은 절대 비싸지 않다.

1만원짜리를 한 테이블에서 4개를 팔면 6,500원 × 4개 = 27,000원이 남는다. 그럼, 백숙도 한 마리 팔아서 27,000원이 남으면 된다고 생각하면 안 되나? 5만원짜리 백숙에 원가를 50%쯤 넣으면 25,000원이 남으니까 45%쯤만 넣자. 그럼, 백숙 한 테이블은 1만원짜리 단품을 4인분 판 것과 같다.

그런데 백숙은 둘이서 먹어도 5만원, 넷이서 먹어도 5만원이니 무조건 테이블에서 만원짜리 4개를 팔 때의 마진이 발생한다. 그래서 백숙은 원가율을 높여도 충분하다고 생각했고, 그렇게 필자의 백숙집 창업은 그런 셈법으로 곱빼기 상차림이 완성되었다.

닭볶음탕도 마찬가지다. 백숙 5만원, 닭볶음탕 5만원은 반칙이다. 백숙은 토종닭을 사용한다고 쳐도, 닭볶음탕은 대부분 육계용을 쓴다. 그래서 닭의 원가 자체가 절반 이하다. 그걸 같은 가격에 파니까, 백숙은 그나마 먹어도 닭볶음탕은 덜 팔린다는 것을 알아야 한다.

식당은 정직해야 한다. 그리고 판매가격이 높으면 원가 35%를 뛰어넘어야 한다. 이건 정말 중요한 포인트다. 5,000원짜리는 마진이 80%여도 겨우 4,000원이 남는다. 현실적으로 재료 1,000원으로 5,000원에 사 먹게 만들 수도 없겠지만 말이다. 그래서 비싼 단가(최소 테이블 5만원에 육박하는)를 취급하는 식당은 복 받은 식당이다. 판매가격이 높으니 원가에서 더 자유로울 수 있고, 그래서 당연히 더 잘 줄 수 있다.

상차림이 푸짐하니 매력을 느낀 손님이 점점 늘어나는 선순환을 태생적으로 갖고 출발하니까 복 받은 셈이다.

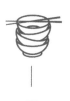

7
단품은 식사고,
小中大는 요리인가?

　김치찌개는 1인분에 1만원을 받기 어렵다. 누구나 익숙하고 뻔한 찌개라서 그렇다. 그러나 김치찜은 1인분에 1만원 이상을 받을 수도 있는데, 이건 요리로 격상되는 탓이다. 말장난 같겠지만 왜 그런가 생각해 보자.

　김치찌개는 1만원이 넘는 걸 먹어본 적이 드물겠지만, 김치찜은 1인분이 아니라 小中大로 3~4만원짜리를 먹은 경험이 있을 것이다. 김치찜을 1인분으로 파는 식당도 있지만, 대체로는 小中大로 팔기 때문이다. 그 유명한 서대문 한옥집이 김치찜을 1인분 8,500원으로도 팔지만, 등뼈를 넣어서 3만원짜리도 판다.

　감자탕도 이처럼 이미 응용되어져 왔다. 뼈해장국은 8,000원쯤이지만,

감자탕 전골은 3~4만원을 받는다. 뼈해장국은 흔한 식사고, 감자탕은 요리처럼 격상된 탓이다. 뼈해장국은 1인 식사고, 전골은 여럿의 식사라는 차이 탓이기도 하다. 그래서 단품보다 小中大가 판매가격의 저항선이 적다.

한 그릇씩 제공되는 단품 음식은 손님들이 경험했던 인지가격을 뛰어넘기 어렵다. 공항 식당도 아니고, 호텔 식당도 아닌데 김치찌개가 뭐라고 1인분에 만원이 넘냐고 시비 걸지 모른다. 그러나 김치찜 小자가 3만원이라고 시비 걸 사람은 없을 것이다. 小中大는 원래 그래 왔기 때문이다. 이게 바로 단품과 小中大의 큰 차이고 매력이다. 평범한 음식도 小中大로 변신시킴으로써 가격 저항을 쉽게 뛰어넘을 수 있다는 걸 아는 식당 주인은 남보다 쎈 무기를 거저 얻는 셈이다.

김치찌개는 흔하다. 그에 반해 김치찜은 귀하다. 제대로 만든 김치찜은 먹기 쉽지 않다. 손님에게 팔리게끔의 수준으로 만들어 내는 일이 어렵기 때문이다. 혼자서 먹는 뼈해장국 뚝배기야 그 한 사람의 입만 만족시키면 된다. 그러나 여럿이 나눠 먹는 감자탕 전골은 그 하나로 여럿의 입맛을 다 잡아야 하기에 어려운 것이다. 그처럼 김치찜도 해낼 수 있다면, 여럿이 먹어도 맛에서 괜찮은 점수를 얻어 낼 수 있다면 당연히 인분이 아니라 小中大로 팔아야 한다. 김치찜도 1인분으로 팔면 만원을 넘기기 어렵지만, 小中大로 팔면 그 가격은 식당이 붙이기 나름이다. 자신이 있다면 小자를 3만원부터 시작해도 되고, 덜 자신한다면 小자를 2만원부터 출발해야 할 뿐이다.

특별한 징치는 이것이다. 이렇게 표현하면 일단 여럿이 먹는 요리의 음식이라도 손님의 시비를 사전에 막을 수 있다. 小中大는 절대 인원수가 아니다. 小中大는 식당이 가격 저항을 뛰어 넘기 위해 절묘하게 바꾼 찬스라고 생각해야 한다. 뼈해장국을 1인분에 1만원을 받기는 힘들겠지만, 다음과 같은 메뉴판을 만들면 결국 1인분에 1만원쯤 된다는 소리다. 잘하면 1인분 2만원도 가능하다. 주방의 솜씨가 탁월하다면 말이다.

이렇게 '아 다르고, 어 다르게' 할 수 있는 게 생각의 차이다. 어떤 생각으로 메뉴판을 짜는가에 따라 매력의 깊이는 사뭇 달라진다.

8
小中大는
언제부터 인분 수였나?

앞에서도 말했지만 1인분에 한 그릇이 아닌 小中大를 파는 집은 편하다. 만둣국 3그릇을 끓여내는 일보다 만두전골 小자 하나가 편하다. 일손도 덜 들고, 보여지는 음식의 크기도 커서 좋다. 감자탕 뚝배기 한 그릇을 끓이는 것보다 전골 小자를 담아 내주는 것이 더 낫다. 일은 비슷하다. 그런데 매출은 다르다. 그래서 小中大를 파는 집은 무조건 단품 한 그릇으로 파는 집보다 일이 수월하다는 말에 반대할 게 없다.

그런데 대한민국 식당들의 나쁜 습관이 바로 小中大와 인분 수다. 小는 2~3인분, 中은 3~4인분, 大는 4인분 이상이던 것이 언젠가부터 小는 2명, 中은 3명, 大는 4명이 먹는 음식이 되었다. 아니, 그렇게 먹을 수 있게 양을 조절해 준다. 분명히 2~3명이 함께 먹을 수 있는 양의 小자를 시키고, 그 값을 줬는데 실제로는 겨우 2명이 먹으면 적당한 양을 주니까, 굳이 小中大 음식을 찾지 않는 것이다.

그것뿐이다. 둘이서 小를 먹고 그 값을 치르기가 아까워 먹지 않을 뿐이다. 다른 이유는 없다.

아니라고 핑계를 대지 마라. 당신은 3명이 小자를 주문하면 자신도 모르게 "그럼, 양이 모자랄 텐데요"라고 대답할 것이 분명하다. 아니라고 우기지 마라. 4명이 中자를 시키면 직원은 "中자로는 양이 모자랄 텐데요"라고 답을 하는 건 흔하다. 그냥 적절히 먹을 小中大가 아니라 2인분, 3인분, 4인분을 그리 표현한 것일 뿐이다. 그래서 손님도 4명은 大자를 시킨다. 결코 즐거운 마음에서 우러나는 주문이 아니다. 그래서 되는 집만 된다. 4명이 中자를 먹어도 푸짐한 집으로 간다. 가격은 따지지 않는다. 4명이 中자로도 만족하는 식당만 재방문한다.

그냥 손님이 알아서 먹게 놔두어야 한다. 4명이 小자를 먹고 "여기 小자 왜 이렇게 양이 작아요?"라고 대드는 건, 진상이다. 그건 손님이 아니다. 뭘 줘도 탓하는 몹쓸 진상들이다. 2명이 小자를 먹고 "양이 적당했어요"라는 말에 부끄러워 할 줄 알아야 그 식당은 발전이 있을 것이다.

小자는 3명이 기본이다. 모자라면 추가할 것이다. 4명이 小자도 당연하다. 모자라면 추가할 것이다.

주문은 배고픈 크기입니다.
인원수 주문 아닙니다.
4인도 큰소 당당히 주문하세요~~

원당아구찜 큰소	45,000원	(4인 주문 가능)
원당아구찜 큰중	55,000원	(매니아 2분도 도전)
원당아구찜 큰대	0원	(볶을 수 없어요)

아구찜에는 칼국수 한그릇 서비스
칼국수를 팔지 않아 추가는 되지 않지만
기어이 추가 원하실땐 7천원 받겠습니다.
그만한 가치 있다시면 추가하셔도 됩니다.

TAKE OUT 2인 손님은 절반 포장을 권장합니다.
선물같은 포장이 공짜로 생깁니다.

두분이 **아구찜**을 드실땐!

1. 다른 집을 추천합니다. 담엔 셋이 오세요.
2. 그래도 드실땐 반은 미리 포장하세요
3. 다이어트 포기하심 돌도 얼마든지에요

네분도 **큰소**드세요
얼마든지 그러셔도 됩니다.
소는 2인, 중은 3인, 대는 4인 아닙니다.

배고픈 크기로 드셔야 마땅합니다.
처음엔 무조건 큰소 주문
단골도 배부를땐 4인에 큰소

그럼, 大자는 언제 팔까? 촌철살인의 내 정답은 팔려고 맘을 먹지 말라는 것이다. 그럼 편하다. 한 그릇씩 단품으로 파는 식당이 한 테이블에 4명이 와서 4개를 시키기를 기대하면 당신은 뭐라고 할 건가? 아마도 "현실적으로 한 테이블 4명씩은 욕심이야"라고 조언해 줄 것이다. 마찬가지다. 4명이 왔다고 大자를 시켜야 한다는 것도 그저 당신의 욕심이다. 그럴 겨를에 小자를 먹고 추가하게끔, 中자를 먹고 추가하게끔, 배가 부르더라도 기어이 4명이 大자를 먹게끔 맛있게, 가성비 있게, 매력 있게 음식을 만들어 내자. 그게 당신의 할 일이지, 小中大를 인원수대로 주문하도록 하는 것은 당신의 일이 아니다.

9

배달할 건데
왜 1층에 식당을 차렸나?

배달이 대세다. 배달해 먹는 음식이 더 비싸고, 맛도 덜하지만 대세는 맞다. '1인가구의 증가' 굳이 이런 말을 하지 않아도 편하니까 점점 더 배달로 먹는다. 그럼, 식당은 거기에 동조하는 것이 맞을까? 불편하게 들리겠지만 내 생각은 다르다. 배달이 잠시는 매출에 보탬이 될 수도 있겠지만, 길게 볼 때는 전혀 도움이 되지 않는다는 판단이 확고하다. 정말 손님이 없는 홀 매출일 때 배달은 돌파구가 될 수 있겠지만, 그걸로 식당이 벌어야 하는 매출은 올릴 수 없다. 천에 하나 정도 배달로 인생을 역전한 식당이 있을 수도 있겠지만, 그건 로또만큼이나 어렵다는 게 필자의 생각이다.

포장도 마찬가지지만 배달은 포장된 음식을 배달해 준다. 포장은 먹을 사람이 조심히 들고 가고, 배달은 배달원이 막 들고 간다. 자기가 먹을 게 아니니까 포장비닐을 엘리베이터에 내려놓는 배달원도 흔하다. 게다가 포장은 최대한 빨리 도착하려고 애쓰지만, 배달은 사정이 다르다. 중국집 짬뽕이 퉁퉁 불어서 왔던 경험은 누구나 있을 테니, 배달 음식이 총알이라고 우길 거 없다.

배달을 시키는 것은 손님의 사정이다. 찾아가는 게 귀찮으니 집에서 먹겠다는 것이다. 맛이 덜해도 괜찮고, 모양이 무너져도 상관없다는 결정에서 시킨 거다. 그래서 손님은 매번 다른 식당에 전화를 건다. 만족하지 못해서다. 바로 여기에 배달의 한계가 있음을 알아야 하나. 어지간히 잘 포장해 적시에 정성스럽게 배달되지 않고서는 재주문이 어렵다는 사실을 깨달아야 하는데, 연명이 급급한 식당들은 그저 오늘도 배달 10개면 나름 만족을 할 뿐이다.

배달을 하면 굳이 식당에 가지 않아도 된다. 부동산 옆의 식당이 전화를 걸면 식당에서 손수 쟁반에 배달까지 해주는데 굳이 가서 손님들 사이에 끼어 시끄럽게 먹을 이유가 없다. 게다가 배달을 하면 찌개 2인분으로 넷이서 눈치보지 않고 먹을 수 있는데 말이다. 그래서 배달이 늘수록 홀은 비어 간다. 그저 그런 음식이라도 편해서 먹는다는 배달 손님만 있을 뿐이고, 그마저도 늘지 않는다. 그냥 그 집들, 그 손님들만 배달을 시킬 뿐이다. 어쩌다 주문한 신규 손님의 2번째 주문이 언제일지는 마냥이다. 그게 바로 배달 음식의 본질이다.

필자의 생각은 이렇다. 배달이 좋으면, 배달이 옳다고 믿으면 배달만 해라. 홀은 차리지 말아야 한다. 사람 왕래가 많은 자리를 권리금 주고 얻을 이유도 없다. 어차피 배달에 입지는 아무런 도움이 되지 않는다. 큰 규모를 얻을 필요도 없고, 시설에 투자할 이유도 없다. 그냥 구석진 건물 지하에서 가스 하나 놓고 배달 전문 음식을 만들면 된다. 공유주방이니 하는 멋진 시설도 필요치 않다.

이때 팔아야 할 메뉴도 한두 가지여야 한다. 그 이상을 만들려면 사람을 써야 하고, 그 여러 가지를 배달 음식으로 만들어 내자면 준비에 그만큼 시간을 낭비해야 한다. 어차피 시키는 사람은 한 곳당 한 가지다. 손님이 아무리 편한 것을 선호한다고, 한 식당에 전화를 걸어 보쌈에, 치킨에, 된장찌개를 시키지 않을 것이다. 그러니 이것 저것 여러 가지를 팔려고 애를 쓸 필요도 없다. 그러니 정말 잘 만들 수 있는 한두 가지면 된다. 그런 배달 음식을 만드는데 소요되는 창업비용은 1,000만원이면 얼마든지 가능하다. 보증금 300만원에 월세 30만원짜리 지하를 얻어서, 가스가 켜지는 중고 간덱기(불판) 하나를 기십만원에 사고, 냉장고도 중고면 된다. 에어컨도 필요없다. 손님도 받지 않는데 나 편하자고 에어컨까지 설치할 이유가 없다. 손님이 없으니 의탁자도 필요 없고, 배달할 것이니 좋은 그릇을 살 이유도 없다. 포장용기와 포장봉투면 된다. 그것만 있으면 배달로 먹고 살 식당을 차릴 수 있고, 그 비용은 1,000만원이면 해낼 수 있다. 공유주방의 비싼 월세 100만원을 낼 필요조차 없다.

배달이 좋으면 배달 전문 식당을 해라. 그러면 모든 게 쉬워지고, 감당도 쉬워진다. 일손 걱정, 시급 올라가는 걱정도 할 이유가 없다.

배달 매출로 월 7,000만원(전체 매출 9,000만원)쯤이던 중국집 '금용'이 필자와 손을 잡고 배달을 점점 줄이다 결국에는 없앴고, 지금은 배달 없이 1억원을 돌파했다. 무조건 줄 서야만, 기다려야만 먹을 수 있는 중국집이 되었다.

2,000만원 정도의 월 매출에서 배달이 차지하던 비중이 500만원쯤이었던 '도레미아구찜'이 배달을 끊고 기어이 8,800만원 매출을 달성했다.

배달에 쓸 힘을 낭비하지 않고 홀에 집중한 결과다. 그런 법이다. 연명하기 위한 배달을 끊으면 훨씬 더 많은 것이 생긴다.

10
점심 특선의 뜻은
무엇인가?

점심에 특별하게 선보이는 음식이 바로 점심 특선이다. 대체로 저녁이 강한 식당에서 점심 메뉴를 팔기 위해 붙인 표현이다. '특별하게 만들다 보니 저녁 재료와 상관이 없으니 이해바랍니다'의 뜻을 품고 있는 것이 점심 특선이다. 그래서 호프집에서 점심 특선 한식뷔페를 하고, 살아있는 생선을 파는 횟집에서 점심 특선으로 죽은 동태탕을 파는 거다. 그래서 고깃집에서 점심에 전혀 연관성도 없는 부대찌개, 백반을 파는 거다.

점심 특선이라는 단어에는 또 다른 뜻이 있다. 저녁과 다른 재료로 특별히 만들었고, 특별히 주력이 아닌 점심시간대에 파는 거라서 싸게 판다는 뜻을 포함하고 있다. 그래서 '싼 가격 = 점심 특선'으로 손님들도 이해를 하게 되었다. 특별히 더 비싸게 붙여서 파는 점심 특선은 지금껏 본 적이 없다. 특별한 재료로 만들었으니 특별히 더 비싸게 받는 게 타당한데도, 이상하게 그런 선택지를 보여주는 식당은 들은 적도, 가 본 적도 없다.

자, 당신이 점심 특선을 판다고 치자. 그런데 그게 잘 팔려서 저녁에 주력인 메뉴가 잘 팔리면 좋으련만 실상은 다르다. 싸니까 와서 먹었던 손님이라 저녁의 정상가격은 부담스럽고 비싸게 여긴다. 한 고깃집은 점심 특선으로 된장찌개에 고기를 듬뿍 넣어 싸게 팔아서 손님을 끄는 데는 성공했지만, 저녁에 비싼 고기를 파는 데는 실패해 문을 닫았다. 물론 그렇게 점심에 미끼 메뉴로 싸게 팔아서 저녁까지 성공한 고깃집도 당연히 있다.

특선을 팔아야 한다면 특별히 비싸게 만들어 매력을 한껏 더 뽐내면 어떨까? 어차피 식당의 건강한 매출은 간판에 걸린 주력시간대에 뽑아내야 한다. 그래야 내일이 있다. 그렇게 저녁에 집중하면서 부가적으로 생긴 점심시간에 확실한 매력을 동반하는 것이 옳지 않을까?

나는 온리원 식당을 만든다. 메뉴가 하나나 두 개뿐인 식당이다. 그걸 가지고 종일 팔기 때문에 나는 특선이 필요한 식당을 만들 필요를 애초부터 느끼지 못한다. 그래서 그 결과치가 없다. 그러나 점심이 강한 음식을 파는 식당이 저녁을 포기함으로써 얻은 실제 결론을 대입하면 점심 특선을 특별히 비싼 가격에 팔아보자는 것이 불가능한 허언은 아닐지도 모른다. 하루에 낮 3시까지만 파는 돈가스집의 매출이 평균 4,000만원을 넘는다. 그것도 유동인구가 전혀 없는 지방 국도에서 말이다. 저녁 6시까지만 하는 돌짜장집의 매출도 1억원을 넘겼다. 저녁은 온전히 장사를 하지 않았음에도 그런 매출을 올렸다.

저녁이 강한 음식을 파는 고깃집이 점심에 1만원짜리 갈비탕(팔지 않던 시간을 덤으로 이용해 만든 갈비탕이니 원가를 60%쯤 넣는 것이다)을 팔지 못할 까닭이 없다. 어차피 장사로 소비하던 시간이 아니었으니 해봐서 반응이 없으면 접으면 그만이다. 점심에 1만원짜리 갈비탕을 팔았다고 그 피해가 저녁에 염려되지는 않는다. 그 1만원짜리 갈비탕이 엄청 매력이 있다면 저녁에도 잘 팔리지 않을까 오히려 궁금하다.

거꾸로 생각하면 특선이 필요한 다수의 평범한 식당들에게, 저녁 판매 비중이 높은 식당들에게 점심 특선은 오히려 기회가 될 수 있다. 특별히 준비해 주메뉴 재료와 별개로 만든 특선이니까, 특별히 가성비를 더 넣어서 파는 음식이라고 작정하고 덤비면 오히려 그것 때문에 식당이 생존할지도 모른다. 너무나도 뛰어난 가성비 매력 탓에 손님들이 점심에만 한정으로 팔던 특선을 저녁까지 이어서 팔라고 성화여서 간판을 바꿔야 하는 일이 생길 수도 있다. 그럼, 간판을 바꾸면 그만 아닌가? 손님이 줄을 설 테니까 간판을 바꾸라는데 못 바꿀 고집이 뭐 필요할까 말이다.

Part 5

매력 있는 식당을
만드는 방법

매력을 만드는 방법은 여러 가지다. 돈을 들여 성형수술을 해도 되고, 코디 공부를 해서 옷을 멋지게 입어도 매력이 생긴다. 미용실의 도움을 자주 받아도 매력적인 사람이 될 수 있다. 책을 많이 읽어 말투의 매력을 바꿀 수도 있고, 명상을 통해 성격을 매력적으로 다듬을 수도 있다. 그런 것이다. 매력은 뭐라고 딱 하나로 정의할 수 없는 것이기 때문에 매력은 누구나 만들 수 있다. 특히나 식당은 매력을 갖는 데 있어 사람보다 절대 어렵지 않다.

Part 5의 내용은 돈이 들지도 않고, 배워서 익혀야 하는 재주가 필요하지도 않다. 뻔한 거 같지만 뻔하지 않고, 새롭게 느껴지는 그런 멘트들이다. 그냥 써 붙여 두면 그것으로 식당의 매력이 조금은 생기는 쉬운 멘트들이다. 얼마든지 카피해도 좋다. 좋은 문구의 매력은 얼마든지 공유되어 모든 식당에 손님이 많아진다면 더 이상 바랄 나위가 없다. 참고로 여기에 나오는 흑백 이미지들은 식당의 유리창에 그려 넣은 문구들이다.

깊은 통찰력과 이해가 요구되는 내용이 아니다. 그냥 읽으면 된다. 필자가 만들어 낸 문구를 사진처럼 머리에 찍어두면 그만이다. 일일이 필자가 만든 맛창 식당을 힘들게 찾아 다니지 않아도 좋다. 얼마든지 가져다 쓰기 바란다. 좋다고 생각하는 문구는 따서 쓰고, 얼마든지 응용해도 좋다. 손님을 위한 이타의 마음을 이렇게라도 가져보자.

1
멘트에는
돈과 재주가 들지 않는다

말에는 돈이 들지 않는다.

배워서 필요한 재주가 있어야 하는 것도 아니다.

진심이면 되고,

'내가 저 입장일 때 어떤 말이 듣기 좋을까?'면 충분하다.

그 이상도 그 이하도 필요치 않다.

그래서 멘트를 잘 치면 손님은 인상을 펴게 되고,

작은 스킨십 하나가 '오늘부터 단골' 결정에도 큰 힘이 된다.

그렇게 하는 식당이 없기 때문이다.

무뚝뚝한 표정으로 인사도 하는 둥 마는 둥이고,

멘트라고는 무미건조한 "어서 오세요" "또 오세요"가 전부다.

여간한 단골집이 아니라면 인사는 그게 전부다.

음식에 큰 실수가 없고서야 주인의 태도는 강 건너 불구경이다.

많고 많은 식당 중에 자신의 식당을 찾아온 고마운 손님에게

왜 그런 태도가 전부일지 손님들은 늘 궁금하다.

그러면 식당 주인들 상당수가 이런 대답을 할 것이다.

"하루에 수십 명이 넘는 손님들에게

어찌 살가운 웃음을 날릴 수 있냐? 힘 들어서 그리 못한다."

그럼, 식당을 하지 말았어야 한다.

겨우 그게 힘에 부칠 정도라면 애초에 식당을 하지 말았어야 한다.

돈을 벌겠다고 시작한 식당이고,

다른 일을 할 게 마땅치 않아 시작한 식당이다.

돈을 벌려면 힘든 건 감수하는 게 당연한 것이고,

식당 말고 다른 거 할 게 없다면 더더욱 고생은 즐겨야 한다.

힘들다고 안 하고, 귀찮다고 피하고, 적성에 안 맞다고 방치한다면

당신의 가족은 어떻게 살란 말인가?

세상에 힘들지 않고, 어렵지 않고, 쉽게 되는 건 없다.

손님에게 웃고, 손님에게 조금 다르게 말 거는 그게

도대체 뭐가 힘들다고 하는지 이해될 수 없어야 한다.

식상한 멘트는 아무런 도움이 되지 못한다. 입만 지칠 뿐이다.

지나치게 계산적인 멘트도 버려야 한다.

손님은 귀신처럼 속 없는 말임을 알아차리기 때문이다.

2
지나치면 남의 집,
들어오면 손님 집

당연하다. 손님이 들어오지 않는 식당은 그저 남의 집일 뿐이다. 내 식당의 문을 열고 들어와야 손님이고, 그냥 지나쳐 가면 보행자일 뿐이다. 하지만 이 뻔한 문구를 걸어놓은 식당은 본 적이 없다. 그래서 사람들은 피식 거린다. 뻔한 이야기가 뜬금없게 다가와 실소를 한다. 그거면 됐다. 그 정도의 관심과 궁금증이면 얼마든지 우리가 원하는 목적은 달성했기 때문이다. 간판은 그렇게 주목을 끌면 된다. 상호까지 기억되게 하는 건 욕심이다. 아무도 상호를 기억해 주지 않는다. 그러나 오히려 상호보다 긴 문장이 기억에 훨씬 더 각인된다는 것을 필자는 안다.

'아버지가 키운 소, 아들이 파는 집'

'아구찜은 콩나물찜이 아닙니다'

'고기 추가엔 반드시 보답합니다'

'지나치면 남의 집, 들어오심 우리 집'

'4인분은 팔지 않아요'

상호를 모르면 어떤가? 이 문구를 가진 식당은 근처에 유일무이한
데 말이다.

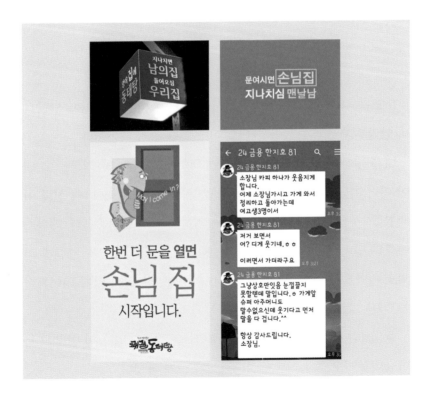

3
20년
노포 식당입니다

노포는 선물이다. 부모님이 하시던 식당을 이어 받았기에 남들보다 안정된 단골과 매출을 그대로 이어갈 수 있기 때문이다.

대전 법동의 작은 식당도 부모님 덕분에 아들의 첫 식당은 20년이 이미 지나 있었다. 그래서 그런 부분을 건드렸다. 20년의 신뢰 어쩌고 하는 상투적인 말은 금했다. 철저하게 감성에 집중했다. 게다가 아들의 덩치가 엄청 크다. 씨름을 했다고 생각할 정도다. 그런데 의외로 성악을 했다. 그래서 목소리가 덩치와 어울리지 않게 하이톤이다. 때론 과하게 묵직하다. 그런 것들을 비유했다.

'동의보감에 따르면' 어쩌고 하는 설명들은 감동이 없다. 한 번 먹고 몸이 좋아질 리도 없다. 다르게 설명해 보자. 그게 더 낫다.

20년 노포의 식당에 2대째 아들이 이어가는
계족산 대표식당을 참! 잘~ 선택하셨습니다.

20년 전 오셨을지도 모를
그때 그방

음식이 허술하면
페북에 **흉보셔도 좋아요**

20년에 2대째 이은 食堂

May I come in?

아들은 **성악**을 했구요
씨름은 NO
팔씨름은 은메달
덩치보다 순해유

두부전골
이거 **쫌** 해요

주인살도
두부살~ 비밀

친절하지 **않**으면
블로그에 **욕하셔도 좋아요**

4
2인분 같은
1인분

"사장님, 여기 2인분 같은 1인분 주세요"라고 한다. 불가능한 일이다.
식당 입장에서는 이 농담에 짜증이 난다. 그런데 닭갈비는 얼마든지
이것이 가능하다. 원가를 들여다 보니 충분히 그럴 수 있었다. 농담
이 현실이 된다면 그걸 끄집어내는 멘트가 가장 정확하다.

사리를 팔지 않는 이유가 고기 양이 많아서라고 하면 고개를 끄덕
일 것이다. 그래서 손님들에게 굳이 양을 설명하기보다는 사리를 팔지
않는 이유를 뒤집어 멘트로 만들었다. 저울을 통해 재서 보여줄 수도
있지만 그건 너무 번거롭고, 사실에 대한 집착으로 과해 보였다. 그
래서 곳곳의 문구를 통해 '닭갈비는 계륵이 아니고, 양이 많은 고기'
라는 사실로 접근시켰다. 결과는 대성공이었다.

닭갈비 양을 **대폭** 늘렸습니다.

인원수 **주문 사절**합니다.

사리추가도 거절합니다.

가끔만 친구되어 주시면 감사에 꾸벅입니다.

1인분
450g

아구찜은
콩나물찜이 아닙니다.
닭갈비도
양배추볶음 아닙니다.

고기가 이리 많은데
사리가
필요하시나요?

사리추가 마세요
고기가 많아서 **사리추가 NO**
이젠 **사리추가** 됐어요

인원수 주문은
휴지통에
4명도 **2인분만**

5
손님 상은 손님 거라
손대지 않아요

주방 근처에 붙이는 현수막이나 노렌 등에 거는 문구들이다. 단번에 눈에 확 띄는 매력이 전부는 아니다. 볼수록 괜찮은 느낌이 들어도 충분하다. 그래서 '재활용은 절대 하지 않습니다'라는 묵직한 각오보다 '손님 상에 나간 것은 손님 거라서 식당은 손대지 않습니다'라는 표현이 자연스럽다.

이처럼 말을 거는 데 있어 반드시 피드백이 요구되어야 하는 것만 필요한 게 아니다. 무관한 이야기, 뜬금없는 이야기로 읽는 이가 피식 웃게끔이어도 좋다. 그 정도만으로도 손님은 식당에 왠지 끌림을 갖는다.

이력서는 순전히 재미다. 이걸 봤다고 식당에 이력서를 내는 손님은 없다. 없어서 더 재밌다. 해당 사항이 전혀 없으니 그 문구가 남의 이야기일 뿐이고, 그래서 눈이 가는 것뿐이다.

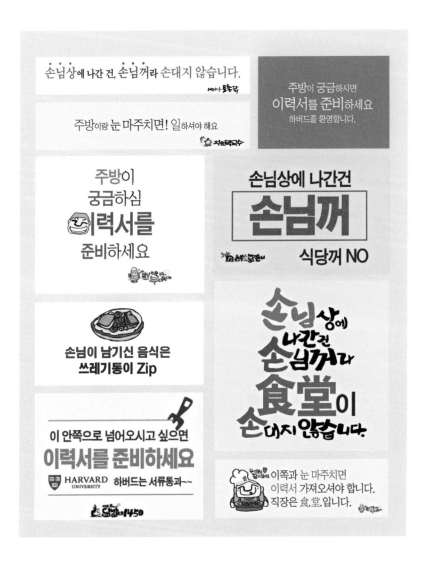

6
셀프는 바쁠 때만,
에어컨은 맘껏 쓰세요

셀프가 흔하다. 첫 물조차 주지 않고 셀프로 가져다 먹으라는 식당도 있다. 그런데 그렇게 다 손님을 시켜먹을 거라면 도대체 식당은 왜 차렸는지 모르겠다. 진짜 바쁠 때만 셀프다. 이게 원칙이다. 진짜 바빠서 정신이 없을 땐 "손님 죄송하지만 물과 술은 직접 꺼내 가시겠어요?" 이 정도면 된다. 셀프라는 원칙을 만들어 놓고, 직원이나 알바가 할 일 없이 빈둥거린다. 그렇게 직원과 알바를 아낄 거라면 채용은 왜 했는지 모르겠다. 그냥 집에서 쉬게 놔둘 것이지 말이다. '셀프'라고 써두고 "아유, 한가할 때는 당연히 저희가 가져다 드려야죠" 이렇게 말하는 게 그렇게 어려운가?

에어컨 온도를 손님이 조작하기 위해 버튼을 누르면 고장이라도 나는 걸까? 버튼을 누르고, 바람 방향을 조절한다고 에어컨이 망가지지 않는다. 또 1년에 한여름 반짝 켜는 시대는 지났다. 1년에 8개월 가까이 에어컨을 끼고 살아야 한다. 에어컨에 웃음 짓는 문구를 붙여서 손해 볼 게 있을까? 이 문구를 봤다고 고장이 날 때까지 맘대로 하는 손님이 있기는 할까 궁금하다.

7

바쁠 땐 손님이 꺼내세요
계산은 카메라가 했어요

거리가 멀다면 손님에게 가져다 줘야 한다. 그러나 20~30평 남짓한 공간에서 주류 냉장고가 손님과 한참 떨어져 있는 경우는 드물다. 손님과 가까이 있으면 손님이 꺼내도 된다. 물론, 직원을 꼭 불러한 병을 가져다 달라는 손님도 있을 거다. 그럴 땐 가져다 주면 된다.

아무것도 써있지 않은 주류 냉장고와 이렇게 냉장고에 글자를 붙여 놓고 소소한 말 걸기가 된다면 손님들이 싫어할 리 없다. 식당이 말 거는 대로 반드시 손님이 움직이지 않아도 그만이다. 다만, 다른 식당에서는 볼 수 없는 글귀 하나하나가 어딘가 모를 끌림을 조금이라도 만들어 낸다면 그것으로 소임은 다한 것이다.

바쁠땐
손님이
꺼내세요

괜찮아요
드실땐
손님집이에요

계산은
카메라가
했어요

은근 많아요
구석구석
다 촬영한답니다.
ㅎㅎ

카메라가 지켜요
함부로는 **애**비
손님일때 **마음껏**

손님이
꺼내시고

계산은
카메라가
감추심
때지에요
신사적으로
ㅎㅎ

바쁠땐
손님이
주인

CREDIT
CARD

단,
계산은
손님처럼
ㅎㅎ

그냥
막
꺼내드세요

손님의 양심과
카메라가
계산합니다.

8

카메라에
많이 출연하셨어요

　화장실이 식당 내에 있기도 하지만 상가 건물은 밖에 있는 경우가 많다. 그럴 때 염려가 그냥 가면 어떡하다. 물론, 요즘 세상에 그렇게 도망가는 손님은 거의 없다고는 해도 찜찜한 건 사실이다. 그래서 이런 경고의 문구를 붙여서 해가 될 건 없다. 사실이니까 말이다. 가게 안에는 CCTV가 없는 곳이 없다. 그 카메라에 입장부터 내내 찍혔으니 도망가도 어쩌지 못한다는 건 사실이라서 이 문구에 시비를 거는 손님은 본 적이 없다.

　자칫 기분이 나쁠 수 있는 경고 문구도 이렇게 자연스럽게 말 걸기를 할 수 있다. 화장실 위치만 덜렁보다는 훨씬 보기도 좋다.

맛창 식당, 이유 있는 성공의 비밀

9
자주 오면 질려요,
가끔 오세요

'자주 오세요'라는 식당은 있어도, '자주 오면 질린다'고 '어쩌다 오라'는 식당은 드물다. 그냥 그거다. 그게 핵심이다. 다르게 말 거니까 기억되는 거고, 그 기억은 웃음이지 인상은 아닐 것이다. 인상을 찌푸릴 멘트가 아니란 소리다.

"허허 세상에, 그런 식당도 있더라고."

이 말대로 자주 오지 않으면 어떡하나 걱정할 거 없다. 또 오라고 백방에 붙인다고 손님이 매일 오는 것도 아니라는 것을 이미 당신은 알고 있다. 그러니 남들과 똑같이 '또 오세요'보다는 '가끔 오세요'가 더 날카롭다. 손님은 식상한 멘트는 기억하지 않는다. 흔한, 뻔한 말을 지루하게 느낄 뿐이다.

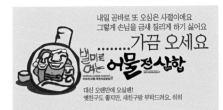

내일 곧바로 또 오심은 사절이에요
그렇게 손님을 금새 질리게 하기 싫어요
.... 가끔 오세요
대신 오랜만에 오실땐!
옛친구도 좋지만, 새친구랑 부탁드려요. 히히

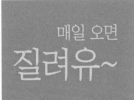

매일 오면
질려유~

한참 이따
뵈유~

자주 오심 질려요
오래 봐요 손님

자주 오시네요
그러다 물리면 반칙

자주보믄 질려요 가끔 봐요 님아

가끔 뵐께요
오래 봐야 단골이에요

10
손님의 품격,
손님이 신사 숙녀가 됩니다

가끔 본의 아니게 카운터에 카드를 거칠게 내려 놓을 때가 있다. 딴생각을 하다 저지르는 실수다. 그런데 그걸 밥 먹듯이 하는 손님들이 많다. 식당 직원이 머슴도 아닌데 반말로 찍 부르는 일도 흔하게 보는 광경이다. 농담이랍시고, 친하다는 뜻으로 손님이 건네는 반말이지만, 당사자에겐 엄청 불쾌한 일이다.

먹은 값이 만원이든, 십만원이든 식당은 그 대가로 음식을 제공했다. 손님의 한 끼를 책임진 것이다. 거지에게 동냥하듯 카드를 던질 이유가 없다. 그것도 갑질이라면 갑질이다. 갑질에는 정색을 해야 한다. 그러나 다 먹고 나가는 손님과 싸울 수도 없으니, 이런 문구를 카운터에 붙여놓고 잘 보이게 해야 한다. 저걸 보고도 카드를 던진다면, 그 손님은 다음부터 안 봐도 좋다고 작정해야 한다. 그건 손님이 아니다. 진상이다. 먹을 거 다 먹고서, 식당을 도와줬다고 생각하는 진상일 뿐이다.

매력 있는 식당에는
스토리가 있다

누구나 인생의 주인공이다. 드라마틱하다. 산전수전을 다 겪고 지금이 된 것이다. 그래서 그 어떤 식당도 자신을 주인공으로 한 편의 영화같은 이야기를 손님에게 들려줄 수 있다. 혼자 하기 어렵다면 글을 쓰는 누군가의 도움을 받아 정리하면 된다. 여기에 실린 스토리를 참고해 만들어도 좋다.

손님은 식당과 친하고 싶다. 내가 아는 친구가 식당을 하지 않기 때문에 잘 가는 식당 주인과 친하고 싶다. 그래서 가끔은 넉살도 부리고 싶고, 때로는 그런 맛에 그냥 가보고 싶은 식당이 있었으면 하는 마음일지도 모른다. 그런 손님들에게 식당 주인의 인생 이야기는 특별하게 다가올 것이다.

'양수리한옥집'의 스토리 포인트는 섬마을 선생님이었다는 점이다. 군인이 섬마을의 선생님으로 군 복무를 하고, 그 먼 섬마을 아이들이 이제는 커서 어쩌면 서로가 늙어 손님으로라도 만나고 싶어 하는 주인의 심정을 나름 담아냈다.

주인이 싫어하는 동태탕을 하게 된 '동태한그릇'의 스토리는 인생과는 무관하지만, 손님이 읽을 때는 재미난 사연이다. 세상은 꼭 좋아하는 일만 하는 건 아니라는 교훈(?)도 식당에 와서 누군가는 깨달을지 모른다.

미국에서 대학을 나와 좋은 직장을 다니다 지금은 짜장면을 팔고 있는 '산타의 자장면'도 흥미롭다. 인생은 그렇게 반전의 연속이고, 성실하다면 부끄러울 것 없다는 주인의 이야기를 담담히 느낄 수 있다.

당신도 당신 인생의 주인공이고, 당신 영화의 히어로다. 식당에 그런 게 뭐가 필요하겠냐고 밀어내지 말자. '팔공산닭갈비'는 그 스토리 덕분에 손님이 주인을 당겨주고 응원하는 식당이 되었다. 고생한 점주의 등을 두드려 주면서 계산을 하고, 다음에 또 다시 찾는다. 애틋해서다. 음식도 맛있고 푸짐하지만, 주인이 그간 고생했던 그 스토리에 마음을 뺏겨 팬이 되었다.

이 책을 덮고, 자신의 인생을 한 장의 포스터로 만들어 낼 수 있다면 최소한 한 가지는 확실히 건진 셈이다. 그것도 책값의 수십 배, 수백 배를 말이다.

1
양수리한옥집

처음 만난 날이 아직도 기억이 난다. 식당 컨설팅을 의뢰한 분이 처음 만난 날 그렇게 반갑게 맞아준 적은 없었다. 비즈니스를 하러 만났을 뿐인데 고향 동생 보듯 엄청 반가워 하셨던 그 감동이 벌써 5년도 넘었다. 이제는 내 아내도 큰오빠 대하듯 만나는 사이가 됐을 정도다. 아마도 이런 추억 때문에 천성이 그랬나 싶다. 그래서 어느 날 간간이 들었던 과거를 나름 정리해 선물로 드린 스토리다.

일산에서 '섬마을아구찜'을 운영하다 필자의 권유로 정리하고, 지금은 양수리에서 아구찜과 해물찜을 팔고 있다. 강 건너편에 '거북선 해물찜'도 운영 중이다.

학생운동을 했습니다.
그땐 그게 청춘이기도 했었습니다.

당시의 청춘은 언제나 옳고
지나간 청춘은 아쉽고 귀합니다.

청춘과 바다!
그래서 자원한 해군

첫 부임지가 서거차도였습니다.
그때 나이 22살이었습니다.

섬에는 아이들도 있었습니다.
당연히 학교도 있었구요.

우연인지, 필연인지
저는 섬마을 선생님으로
명(命)받았습니다.

아이들의 나이는 7살부터
18살까지 있었습니다.
7살은 순수해서 좋았고
18살은 순진해서 좋았습니다.

저는 섬마을 선생님이었습니다.

낮에는 섬마을 국민학교 선생님
밤에는 섬을 지키는 해군이었습니다.

그렇게 2년이 지났습니다.

2년 후, 해군으로 섬을 떠나게 되었습니다.

아이들은 들꽃을 따주었습니다.
밤새 들꽃을 따서 꽃다발을 만들어
주었습니다.

지금도 가끔 생각납니다.
이름은 기억나지 않지만,
섬마을 그때 아이들은 아직도 생생합니다.

섬마을 군인보다 섬마을 선생님이었던
추억이 더 그립습니다.

그래서 식당 이름이 '섬마을' 입니다.

혹시, 섬마을을 다니던 그때
(1981년 서거차도 국민학교)
그 녀석들이 혹시 알아보지 않을까
그런 마음으로 식당 이름을 그렇게 지었습니다.

2016년 5월까지 일산에서 운영

2
동태한그릇

출퇴근에 4시간 걸리는 식당을 직장으로 선택하긴 힘들다. 그런데 냉면 하나를 배우자는 일념으로 그걸 수년이나 감내한 주인이다. 그렇게 냉면에 애착이 컸는데, 실제 본인의 첫 식당은 냉면집이 아니라 동태탕집을 차려야만 했다. 잘 먹지도 않던 동태탕이었지만, 한 가지 제대로 만들어 역곡에서 1등을 찍어 내었다.

그리고 정말 하고 팠던 냉면을 팔고 싶어 해서 만들어준 스토리다. 인생은 이렇게 원하는 대로만 흘러가지 않는다. 그러나 뭐든 전념을 다하면 뜻을 이루기도 한다.

3
도레미아구찜

    2018년 1월 2일 대전으로 달렸다. 그렇게 새해 처음으로 만난 사람이다. 4년간 아구찜을 열심히 팔았지만 생활은 나아지지 않았다고 했다. 그래서 아구찜은 콩나물찜이 아니라는 각인과 더불어 새 술은 새 부대처럼 상호를 바꿨다. 4년간 월급처럼 찍히던 2천의 매출이 2018년 4천을 넘겼고, 2019년 9월쯤 6천을 넘겼다. 만들던 그 방식 그대로였고, 가게를 손대지도 않았다. 고통을 감내해야 뛸 수 있는 마라토너처럼 한 발짝씩 앞으로 전진해 대전 유성구에서 아구찜으로 검색 1등을 해냈다. 그게 '도레미아구찜'이다. 필자와 동갑이라서 유독 정이 가는 점주다.

도레미아구찜 사장의
STORY BOARD

식자재유통업을 하다, 우연히 **식당업**에 뛰어들었습니다
그리고 **두번의 실패**를 맛보았습니다

살면서 **별다른 실패없는 행복한 인생**이었지만,
30대 후반부터 맛본 **2번의 식당실패**는 힘들었습니다

무엇보다 충대를 졸업한 아들의 식당에 부모님이
선을 넘지 않음이 마음 아팠습니다

그래서 **달리기**를
시작했습니다
실패의 우울함을
잊기위해 달렸습니다
42키로를 마라토너도
아닌데 완주를 할만큼
달렸습니다

마냥 달릴 수만은 없어 제법 장사를 잘하는 친구를
찾아가 아구찜을 배웠고, 지금 이 자리에
진짜 아구찜을 2013년 차렸습니다

4년 내내 가난했습니다
하루에 100만원을 넘기는게 소원인
약한 식당으로 4년이 훌쩍 흘렀습니다

저는 지금도 **42,195키로**를 달립니다
최고 기록은 3시간 39분입니다
그렇게 도레미아구찜은
제 인생의 마라톤도 완주를 해나갈 겁니다

2018년 1월 2일
동갑인 컨설턴트를 만났습니다

그리고 상호를 **도레미아구찜**으로 바꿨습니다
그리고 가격을 올리고 오른만큼
아구와 **해물**을 듬뿍 올렸습니다

5개월이 지나자 하루 100만원을 넘기는 날이 잦아졌고
8개월을 넘기자 하루 100만원을 못 넘기는 날이
귀해졌습니다

아구찜은 콩나물찜이 아니란 것을 깨닫고 내준
상차림에 손님들이 웃어주었고, 손을 잡아주었습니다

4
꽃잔디식당

　동서지간에 그리도 우애가 좋은 사람들을 본 적이 없다. 적당한 5
살 나이 차이에 서로가 서로를 신뢰한다. 숨겨진 자리에서 식당을
오픈하고 하루에 한 팀이 전부였던 고된 날들을 둘은 가족이라는 공
동체로 기어이 버텨내었다. 손님이 하도 없어서 텃밭에 채소를 심어
가꾸면서 인내를 했다. 그 고통을 감히 일부라도 알 수는 없지만, 위
로하고 응원하고 싶었다.

　다행히 이 스토리를 선물할 수 있었다. 잔디밭이 참 예쁜 식당이
다. 그래서 상호도 '꽃잔디식당'이다. 아구찜을 팔기 전에는 찜닭을
무려 한 곳에서 12년을 만들어 팔았다. 찜은 달인이지 싶다.

꽃잔디식당사장의
STORY BOARD

우리는
동서지간입니다.
그리고 둘 다 세 아이의 아빠입니다.

형님은 **주방**을 책임지고,
동생은 홀에서 **웃음**을 **책임집니다.**
형인 저는 경북대앞에서 **천계안동찜닭**을 **12년** 했습니다
동생은 **횟집**부터 시작해 내내 **식당**을 해왔습니다.

세 아이를 위하여 십년 가까이 웃음을 주는
장사를 했었습니다. 여섯의 아이를 위하여
각자의 식당을 접고 이 곳 꽃잔디에 식당을 차렸고

그때가 2017년 가을입니다.
첫 가을은 겨울보다 추웠습니다.

길도 없고, 길에서 보이지도 않는 이곳에 손님이 올리 없었습니다.
하루종일 공치는 날도 있었고, 우연히 들린 손님아 한가지뿐인 데
만만치 않은 가격에 그냥 일어서기도 했습니다.

동생

아구찜은 콩나물찜 이 아닙니다.
진짜 아구찜은 아구가 많습니다.

식당을 차리고 오죽 손님이 없었으면 뒤 텃밭에 농사를 다 지었을까요?
덕분에 꽃잔디 채소는 일부가 유기농이랍니다. ㅎㅎ
음식은 세아이가 먹을거란 마음으로 만들고, 내 아내가 손님이란 마음으로 인사를 드립니다.

그렇게 꽃잔디는 더 맛있는 음식과 웃음을 준비합니다.
그래서 꽃잔디는 콩나물찜이 아닌 진짜 아구찜으로 당당할겁니다.

5
가창닭갈비

"빚이 1억이나 2억이나 같습니더"라는 사투리로 곁의 사람들을 편하게 해준다. 점장으로 일하며 식당 일을 배워서 차린 고깃집은 잘 됐지만, 실패도 함께 왔다. 그럼에도 작은 주눅도 없었다. 그게 참 신기했다. 어쩜 사람이 저렇게 강단이 있을 수 있을까 부러웠다.

가창 가는 길 초입에 차린 닭갈빗집 창업자금은 그런 강단의 신용으로 얻어낸 자금이었다. 그렇게 조금씩 빚을 정리하는 사연을 손님에게도 공유하고 싶었다. 이렇게 배포 있고 멋진 사장이니까 음식은 걱정 말고 마음껏 즐기라는 메시지를 전달하고 싶었다. 그렇게 가창 가는 길에 1호점을, 대구 상인동에 2호점을 운영하고 있다.

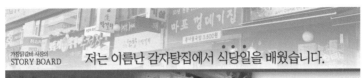

가창닭갈비 사장의
STORY BOARD
저는 이름난 감자탕집에서 식당일을 배웠습니다.

OO고깃집
프랜차이즈
점장

땡큐삼겹살
1호점

가창닭갈비
1호점

손님이 맛있게 먹는 식당업이 좋아서 뛰어들었습니다.
모 프랜차이즈 고기집 점장을 하다가, 직영점을 인수해
상인동 땡큐삼겹살을 차렸습니다.

용산동에 2호점을 낼 정도로 즐겁던 식당이었지만
속은 병들어 있었습니다. 빛이 1억이나, 거기에
보태어 **빛 2억**이나 마찬가지란 각오로 돈을 융통했습니다.

인간 신용이 좋았던 탓인지
7천만원의 목돈을 쥐게 되었습니다.
그 돈으로 가창 한적한 도로가 옆에
닭갈비집을 차렸습니다.

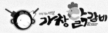

2인분 같은 1인분
**4명이 2인분
거뜬한 닭갈비**

가창닭갈비
2호점

2인분 같은 1인분, 4명이 2인분으로도 거뜬한 **닭갈비**를
스토리로 삼았습니다. 망할 수 없었고, 망해서도 안되는
절박함으로 **컨셉**을 잡았습니다.

그래서 부침개, 라면, 계란후라이도 손님을 위해 내어드리는 거랍니다.
간절함에 진심에, 2억쯤의 빛에 해가 따뜻하게 들어오기 시작했습니다.

오직 닭갈비 하나만 볶았더니 **손님들이 인정해주셨습니다.**
그래서 상인동 땡큐삼겹살도 닭갈비로 간판을 바꾸었습니다.
남들 다 파는 삼겹살보다. **계록**으로 취급받는 **닭갈비**가 참 좋았습니다.
제 빛이 언제쯤 끝이 날런지는 모르지만, 인간 신용처럼이라면
언젠가는 그 끝이 올테지요
그땐 아마도 3인분 같은 1인분으로 가창닭갈비를 찾아주신
손님께 보답할 작정입니다. 약속하고 싶습니다.

6
산타의 자장면

　아주 작은 오징어집을 할 때 만났다. 그것도 친구가 컨설팅한 식당이라는 소리에 인연이 남다르지 싶었다. 오징어집으로 시작해 우동집을 하다, 지금은 주인도 세 번쯤 헤매야 길을 찾을 수 있는 이상한 자리에서 자장면과 간장게장을 팔고 있다.

　이란성 쌍둥이를 가진 턱수염이 인상적인 아빠다. 성실하고 정열적이다. 그 열매가 아직은 힘들지만, 언젠가는 산타의 선물처럼 웃는 날이 올 거라는 믿음으로 스토리를 선물해 줬다. 인생은 드라마다. 끝이 어떻게 되는지는 본인하기에 달렸다.

산타의 돌짜장 사장의~
STORY BOARD

놀라실테지만 ㅎㅎ **미국에서 대학을 나왔습니다.**
명문은 아니었지만, 자식농사 뒷바라지
부모님에게 뿌듯한 정도의 대학이었습니다.

졸업 후 한국으로 귀국,
대형할인점 까르푸에
입사, 샐러리맨을 했습니다.
대형매장을 관리하는 중책에
청춘을 보냈습니다.

20대

회사의 불미합으로
상대회사의 동기가
상사가 되었고,
본의 아니게 까르푸 직원들은
친밥신세가 되었습니다.
그래서 회사를
뛰쳐나왔습니다.

30대

인천의 작은 동네에 12평
작은 가게를 얻었습니다.
대학에서 배운 적도 없고
미국말도 필요 없는

오징어횟집을
차렸습니다.

그 작은 산오징어집을
7년쯤 했습니다.

돌째장과 간장게장
두가지분이지만
이렇게나 신비합 식당이
지금의 꿈 앞으로 목표입니다.
저는 불효자가 되고 싶지 않습니다.
부모님께 반응주는 아들,
불량이를 면하고 싶고
싶습니다.

40대

40중반 오징어집을 팔고, 돈도 없었지만 가게를 보러 다녔고
어느날 운명처럼 지금의 산타 자리를 만났습니다.
주인도 세번쯤 헤매야 찾을만큼 난해한 위치였지만
이상하게 마음에 들었습니다.

가게가 맘에 들자, 영화같은 기적들이 펑펑 생겨났습니다.
월세를 깎아주는 건물주, 자금을 빌려주는 지인들이 생겼습니다.
전재산을 다 부자해서도 절대 할 수 없는 일들이 만들어졌습니다.

어머니는 미국대학을 나온 아들의 당연한 서툰칼질
식당일에 함께 밤잠을 설쳐주셨습니다.

그래서 저는 불효자가 맞습니다.

이 산속에 뜬금없이 돌째장
거기에 요상한 조합인 **간장게장**을
준비했습니다.

왜냐고는 묻지 마세요. ?
인생에 별별일은 언제나니까요, 상호 역시 웃고 넘기세요 ㅎㅎ

위라면, 찾기 어려운 이곳, 이런 그렇지도 많을 리 없는 이곳
6개월 간병하니가 이곳은 먹자나 손님이었습니다.
그래서 매달 적자에 실연치서 폭기를 꿈꿀습니다.

그 독기란?
제대로인 십다.

7

팔공산닭갈비

치킨 한 마리를 사들고 갔는데 아내는 배 부르다며 먹지 않았다. 그런데 다음날 몰래 뼈를 발라 먹는 모습을 보고 한없이 울었다고 했다. 그 슬픔이 확 느껴졌다.

그만큼 이 스토리의 주인공은 처절하다. 그냥 장사를 잘하는 정도가 아니라, 죽기 살기로 한다. 아내에게 통닭 한 마리 사줄 여유가 없던 시절로 절대 돌아가선 안 되기 때문이다. 손님이 있어야 식당이 존재하는 법. 손님에게 작정하고 덤비는 스킨십은 그래서 진심이 가득하고, 손님도 주인의 태도가 진심임을 알아차린다. 그래서 닭갈비하나로 월 매출 6천을 가벼이 넘겼다. 손님에게 실수할까 봐 그 이상의 매출은 사절이다. 그만큼에 전부를 걸었다.

STORY BOARD

동성로 시대를 일부로 접고
팔공산에 왔습니다.
부대낌 없는 장사를 오래 하고
싶어서였습니다.

동성로에서 짬뽕집을
차렸습니다. 오픈은 서두르고
준비 부족으로 망했습니다.
아내에게 통닭 한마리
사줄 돈이 없었습니다.

혼자의 힘으로 넉달에 걸쳐
식당을 꾸몄습니다. 음식도 배우고
(스승은 가창닭갈비)
또 칼을 갈았습니다.

친구들이 십시일반으로
간절히 변경한
"캔디와 철수의 순정부대찌개"
칼을 가는 마음으로 피눈물로
장사했습니다.

푸짐한 부대찌개로
제법이었습니다.
논산의 이등병부대찌개
동탄의 **노작골부대찌개**가
배워갔습니다.

닭갈비 하나로
소박한 1등이고 싶습니다.
손님이 먼저 단골하자는
진심어린 식당이고
싶습니다.

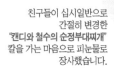

8
아구찜마법사

필자가 32살 때, 31살 횟집 주방장으로 만났다. 그 어린 나이에 조리기능장에 도전할 정도로 실력이 뛰어났다. 그런데 성공과 실패를 반복했다. 연이은 성공은 주어지지 않았다. 그래서 30년 동안 살아 있는 생선만 만지던 솜씨를 버리고, 죽은 생선 아구찜에 도전했다. 한 가지만 제대로 파는 식당에 도전했고, 기어이 성공했다. 이타의 장사셈법을 배우고 그대로 해서 손님들이 감탄사를 던지는 식당을 만들어 냈다.

인생은 그런 법이다. 그걸 하기 위해 태어난 사람은 없다. 인생의 길은 가끔 유턴도 해야 한다. 그때 각오가 진심이라면, 그 유턴은 더 빠른 길을 안내할지도 모른다.

좋은 스승도 만나고, 독한 사부도 만나면서
미친듯이 일을 배웠습니다.
덕분에 그 어려운 일식주방장을 20대 후반에
차지할 수 있었습니다.

제가 일해주는 식당들 매출이 좋았습니다.
그게 제 힘인줄 알고, 그래서 덜컥 창업을 했고
요리사는 반드시 망한다는 걸 **몸소 경험**했습니다.

그러다 32살때 일식집도 아니고,
횟집도 아닌 **요상한 식당**을 만났습니다.
한살 위인 사장은 식당이 처음이라
그저 순박하기만 했습니다.

그 뒤로도 내내 번번이 남의집에서
일해서 돈을 벌면 내 식당을 차리고,
그게 망하면 다시 남의집
실장일을 했습니다.

그렇게 총 7번을 실패했습니다.

운명일까요? 하루가 지옥같던 세종시 3층 일식집에
32살때 만났던 사장이 **50살**로 늙어
손님으로 왔습니다.

마지막 얼굴 같은 저를 보고,
새로운 장사의 길을 제시해주었습니다.
알고보니 그때 그 순박한 **초짜 사장**이
꽤 유명한 외식컨설턴트가 되었더군요

200평 일식집을 정리하고, 후배가 자기
옆식당(300평)이 비었다고 선뜻 권해
지금 가오동에 오픈을 할 수 있었습니다.
살아있는 생선만 30년을 만진 저에게,
죽어있는 생선인 **아구찜**을 도전하게 만든건
유성 도레미아구찜이었습니다.

30년간 하루종일
회와 스끼를 만들던 손이라
아구찜 하난 심심합니다.
그래서 반찬으로 해물탕이라도
드리고 싶었습니다.
그래서 **예약**하시면
30년 솜씨를
보이고 있습니다.

제 나이 49살에,
17년만에 만난 인연 덕분에
요즘 장사재미가 흠뻑입니다.
그 즐거움을 손님과도 나누겠습니다.
가오동에서 아구찜 하나로는 감동을 드리겠습니다.
손님들도! 30년 생선회 요리사의
튼튼없는 아구찜을 응원해주세요

아구찜마법사

9
스시생선가게

좋은 학교를 나와 좋은 직장을 다녔음이 뻔히 보인다. 그런데 뜻한 바 있어 좋은 직장 그만두고 작은 우동집을 시작했다. 하지만 기대했던 것과 다르게 결과는 좋지 않았다. 작은 우동집은 아무것도 나아지지 않았다. 그래서 다시 한번 마지막이라는 각오로 초밥집을 차렸다. 한창 초밥집이 유행할 때라 성공은 쉽지 않았다. 그렇게 무려 1년의 고통을 견뎌내자 그제서야 손님들이 알아줬다. 20평도 안 되는 작은 초밥집에서 1억 매출을 해낼 수 있었다.

지금은 분당 정자동에서 '스시생선가게'와 용인에서 스테이크집 하나를 하고 있다. 목표는 선한 외식업 프랜차이저다. 좋은 본사가 될 자질은 충분하다. 때가 올 것이다.

STORY BOARD

대학을 나와서 SONY라는
회사를 다녔습니다. 열심히 살았습니다.
성실하게 살았습니다.

30대 중반에 퇴직해서 서현에 9평짜리 우동집을 차렸습니다.
일본 유학때 먹던 우동맛이 그리워서였습니다.
장사를 몰라서 체인점 우동집을 차렸습니다.

그러나, 장사는 힘들었습니다.
본사는 재료비로 뜯어가고, 관리도, 상의도 해주지 않았습니다.
오직 자기 물건만 쓰라고 했습니다. 참 형편없는 본사였습니다.

그 매출로는 죽도 밥도 안된다는 어느날!
정자동에 전 재산을 긁어서 20평 초밥집을 차렸습니다.
이름도 재미나게 지었습니다. "스시생선가게"라고

그리고 대학때 만난 여자친구와 42살에 결혼을 하게 되었습니다.
그리고 예쁜 딸도 태어났습니다. 인생의 보물들~~

하루 8만원부터 시작한 정자동 초밥집은
성실의 대가, 사랑의 결과로 자리를 잡아가게
되었습니다.
월매출 1억클럽을 달성하게 되었습니다.
20평, 테이블 10개에서 말이죠

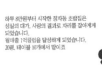

10
효심씨 부대찌개

91년생이라서 별명이 일구다. 어머니를 끔찍이도 아끼는 효자다. 엄마가 하던 팥죽집에 뛰어들어 엄마의 수고를 덜어줬지만 식당은 나아지지 않았다. 마니아만 많고, 매출은 먹고 살기 버거웠다. 그래서 소바집으로 과감한 도전을 감행했다. 전국에 유명한 소바집을 다니면서 먹고 토하기를 습관적으로 했다. 그 결과 소바가 강한 광주에서도 '고장난소바'는 손님을 줄 세울 수 있었다.

소바집 변신 2년 만에 부대찌개집을 하나 더 만들었고, 이제는 건물까지 사서 쭈꾸미집도 오픈을 준비하고 있다. 내가 본 91년생 중에서 가장 바지런하고 엄마를 사랑하는 효자다.

STORY BOARD
효·심·이·이·야·기

엄마는 **팥죽집**을 하셨습니다.
20년을 매일 팥죽을 끓여
두 아들을 키우셨습니다.

정성은 하늘이 도와주시나 봅니다.
손님은 줄을 섰고, 웃음꽃이 피었습니다.
점점 더 손님을 위하고, 생각하는
식당이 되어갔습니다.

2019년 여름, 아들은 새로운 독립을 위해
소박한 자리를 찾아 다녔고, 월출동 작은
식당을 착한 월세로 계약을 했습니다.

큰아들이 군 제대후 1주일 일정으로
여행간 제주에서 1년을 살다왔습니다.
제주의 바람에 푹 빠진 아들은
게스트하우스에서 일을 하며
어느새 주방장이 되었습니다.

엄마의 이름을 딴
'**효심씨부대찌개**'는
그렇게 9월 만들어졌습니다.
소바집 2가지 음식처럼
부대찌개와 닭갈비 **2가지**만
만들고 있습니다.

그렇게 돌아온 아들이
엄마의 팥죽집을 거들겠다고
팔을 걷어부쳤습니다.
'**효심이팥죽**'으로 식당을
아들과 차렸지만 식당은
점점 힘들어갔습니다.

엄마는 항상 말씀하십니다.
**손 아끼지 말아라
넉넉히 줘야 장사꾼이다.**
손님이 있어야 식당도 있는 법이다.
늘 손님입장이 되어 생각해야 한다고
아들을 지켜봅니다.

일본의 노포식당을 여행하면서
삼고초려로 두가지 음식을 배워온 아들은
엄마와 큰 결단을 내려 20년 노하우의
팥죽집 간판을 떼고
소바집 간판을 걸었습니다.

2017년 9월 '고장난소바'는 그렇게
탄생했고, 엄마와 두 아들은 작은 식당에
모든 걸 걸었습니다. 정말 모든 걸 걸고
온 힘을 쏟았습니다.

그래서 아들은
4인분을 팔지 않습니다.
인원수 주문도 안받고
덜 주문하라 합니다.
2인분만큼의 양을 1인분으로
넉넉히 줍니다. 엄마와의 약속을
그렇게 오늘도 지켜갑니다.

11
명지닭갈비

'꽃잔디식당'이 동서지간의 우애로 일군 성공이라면, '명지닭갈비'는 친형제가 만든 식당이다. 형 같은 아우, 아빠 같은 형이 서로를 의지하면서 만든 닭갈빗집으로, 부산 명지동에 소문을 내가는 중이다. 평생 음식을 해 본 적이 없었기에, 그래서 여러 가지를 포기하고 딱 한 가지로만 승부하자고 결단을 내릴 만큼 상황 판단이 빠르다.

손님에게 매력적인 식당으로 다가가기 위해 보물 같은 아내가 점심을 돕고 있다. 중소기업을 운영했던 아버지의 40년처럼 형제는 요식업으로 승부를 걸 계획이다. 두 번째 식당은 어떤 메뉴가 될지 자못 궁금하다. 뭐가 되었건 역시나 한 가지만 파겠지만 말이다.

아버지와 형과 함께
중소기업을 했습니다.
아버지는 40년
형은 26년, 동생도 17년을
함께 일했습니다.

대기업 횡포에 사업을 접고, 작은 식당에
두 형제가 전부를 걸었습니다.

그래서 메뉴는 오직 닭갈비 하나만!
무기는 **정직**하고 **푸짐함**입니다.

Only.

음식장난? 없습니다.
형제의 각오 그대로를 보이겠습니다.

제대로 된 맛,
양을 위하여
오픈이 더디고
더뎠습니다.

명지에서 닭갈비 하나로
인정받는 食堂이 되어보이겠습니다.

저희 형제! 아버지의 40년 중소기업처럼
비범한 식당 잘 해보이겠습니다.

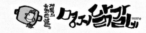

12
청평돌짜장

동네에서 학부모로 알게 된 동생이 어느 날 식당을 하고 싶다고 말했다. 말리고 싶은 마음은 없었다. 기술자로의 안정된 노후도 좋겠지만, 돈을 벌려면 식당이야말로 딱이라는 신념을 가진 터라 흔쾌히 동의하고 도움을 주었다. 그렇게 만든 식당이 고깃집(그 남자의 가브리살)이었는데, 어느 날은 가든에 나가 장사를 하고 싶다고 고백했다.

도심의 시대가 지고, 가든의 세상이 온다는 것을 확신하는 터라 단숨에 그 뜻을 따라 청평에 예쁜 돌짜장집을 만들어 주었다. 긴 겨울을 두 번이나 지내고서야 꽃을 피웠으니 오래도 걸렸지만 잘 버텨주었다. 참으로 고맙다.

청평돌짜장 사장의...
STORY BOARD

제 직업은 **전기기술자**입니다.
빌딩들의 안전관리를 책임지는
전기 전문가입니다.
40살이 넘도록
전기가 밥벌이였습니다.

그러나,
청평 돌짜장은 가시밭길이었습니다.
청평 근방의 식당들이
백숙에 장어, 간장게장을 팔때
튼금없이 돌짜장을 파는 식당은 어려웠습니다.

어느날,
식당이 하고 싶어졌습니다.
이상하게 식당경영에 관심이
깊어졌습니다.
그래서 중화동 대로변에
고깃집을 차렸습니다.

오직 가브리살 한가지만 파는
집이었습니다. 고기를 추가하면
반드시 보답하는 식당이었습니다.
온라일(한가지만 파는)
고깃집으로 소문이 났습니다.

"짬뽕은 없어요"라는 간판이 관심을 끌기 시작했습니다.
길가다 들린 방송 PD가 다짜고짜 촬영을 하고 갔고
청평 나들이 손님들도 요상한 간판을 주목해주었습니다.

6시만 되면 깜깜해지고,
한밤에는 멧돼지도 마실 나오는
청평에서 식당을 하는 건,
절대 쉽지 않았습니다.

중화동 고깃집을 판 것이
매일 후회였습니다.

첫해 겨울엔 부부 둘이서,
손님도 없는 식당을
하루종일 지키다 집에 가야만
했습니다. 밤이 와도 비슷
벚꽃이 핀 첫해도 가난했습니다.

NAVER 그남자의가브리살 ▼

손님도 늘고, 단골도 많아졌는데 병이 도졌습니다.
새로운 식당에 대한 꿈이 늘어만 갔습니다.
그래서 청평 자리를 보자 마자 계약을 했습니다.

자전거포 자리를 권리금으로 수천을 줬는데
단골이 늘은 고깃집을 팔때 500만원에 넘겼습니다.
청평에 가서 돌짜장을 팔고 싶어서였습니다.

그렇게 두번의 겨울을
버티고 넘기자, 제법 바빠졌습니다.
주말에는 인근에 주차가 가장
많은 식당이 되었습니다.

하지만 아무도 모릅니다.
두번의 겨울을 이겨내는 일이
살면서 가장 힘들다는 사실을...

Part 6 매력 있는 식당에는 스토리가 있다

235

도진항 회센터에
매력을 더하다

손가락으로 숲을 가리키는데 많은 사람들은 손가락 끝을 봅니다.

마치 정답이 거기에 있다는 것을 눈치챘다는 듯이 말이죠.

혹은 손가락으로 가리킨 숲은 보는데 숲의 나무를 헤아리기도 합니다.

누군가는 가장 큰 나무가 어떤 건지를 보고

누군가는 가장 두꺼운 나무가 어떤 건지를 찾아봅니다.

다 맞는 이야기입니다.

그러나 모두에게 맞는 이야기일 수 있지만,

새로운 결론은 도출하지 못할 수 있습니다.

2016년 한 바닷가 식당이 해산물을 팔다가 힘이 들어

연락을 주었습니다.

저는 "왜 남들 다 파는 해산물로 경쟁력을 잃느냐,

이렇게 가면 차별되고 쉬운데"라면서

바닷가 죽집을 만들게끔 방향을 잡아주었습니다.

그 결과 하루 30만원을 겨우 팔던 식당이

400~500만원을 파는 바닷가 죽집이 되었습니다.

2020년 어느 날, 강원도 항구에 앉아 회센터를 보다가

바닷가 상권도 멋지게 매력을 입혀 보면 어떨까 하는

생각이 들었습니다.

그래서 만들어 본 심플한 보고서입니다.

5분 정도 항구를 돌아보고

회센터 한 곳에서 식사를 해보니

'색다른 결론으로 가는 도출'을 찾을 수 있었습니다.

남과 같은 시선으로, 같은 방향을 봐서는

그 어떤 문제도 매력적으로 풀 수 없습니다.

그 항구의 이름은 밝히지 않겠습니다.

강원도의 모든 항이 해당될 수 있기 때문입니다.

여기서는 편의상 '도진항'으로 하겠습니다.

2020년 어느 날, 도진항을 찾았습니다.

한 개의 식당을 클리닉하는 것이 목적이 아니라,

도진항의 10개 회센터를 전체적으로 클리닉하는 것이 목적이어서

큰 줄기와 앞으로의 방향성에 대해서만 설명해도

큰 부족함은 없으리라 판단합니다.

대포항처럼 규모가 큰 상권도 아니고,

외옹치항처럼 바닷길이라는 매력을 갖춘 항도 아닌,

작은 항구의 상권이 현재 모습의 전부입니다.

번듯한 신식 시설을 갖추지도 못했고

과거의 도진항 물회 정도가 존재감의 전부입니다.

근처 다른 항에 있는 회센터를 통해 유추가 가능한 건,

10개의 회센터가 각자의 매력이 아니라

어느 집이나 비슷한 메뉴와 상차림이라서
어떤 집을 선택해도 실망은 비슷하고
어떤 집을 굳이 선택하지 않아도 아쉬울 게 없는
그런 회센터는 도진항도 예외가 아닐 겁니다.

즉, 도진항만의 문제가 아니라
바닷가를 낀 근방의 모든 항구가
비슷한 고민에서 자유로울 순 없다는 뜻입니다.

"왜 도진항을 가야 하나요?"라고
누군가가 물을 때
그 답변을 할 수 있어야 합니다.

비교적 가까운 외옹치항은
바닷길이라는 독보적 컨셉(매력)이 있습니다.
근방의 어떤 항에도 없는 바다 둘레길이 있습니다.
아쉽게도 그 바닷길 손님을 회센터에서
얼마나 손님으로 유치하는지는 알 수 없지만,
상당수의 손님은 바다 둘레길만 경험하고
다른 곳으로 이동하여 식사를 할 겁니다.
이유는 뻔합니다.

(외옹치항 바다 둘레길, 출처 : 한국관광공사 '대한민국 구석구석')

회센터가 수십 개여도

실제 메뉴는 거기서 거기고,

가격에 대한 신뢰도 역시 어디를 가나 비슷합니다.

그래서 굳이 거기가 아니어도

더 고급진 분위기, 더 넓은 회센터를

찾아서 가는 겁니다.

메뉴도 다를 거 없고, 가격도 비슷하니까요.

그럼, 속초 외옹치항에서 바닷길을 걷고

도진항으로 오게끔 하려면 어떻게 해야 할까요?

도진항이 가진 매력은 뭐가 있을까요?

모든 회센터가 끝내주는 물회 맛을 보인다고

도진항으로 올까요?

(물회의 맛을 알고 찾는 손님이 얼마나 될까요?)

매력을 만들기 위해

관공서에서 돈을 쓰면 될까요?

인테리어비를 지원하고

메뉴 개발비를 지원하면 될까요?

도진항을
이렇게 만들어 보면
어떨까요?

1) 10개의 회센터 모두가 물회를 주력으로 팝니다.

2) 물회를 대표로 팔지만, 집집마다 찬 구성을 다르게 합니다.

손님은 취향에 맞는 찬을 내주는 집을 선택할 수 있습니다.

(어디서나 다 파는 활어회는 매력이 없습니다.

그건 다른 항구 회센터를 가라고 해야 합니다.

오직 물회, 그것만 파는 항구여야 합니다.

그래서 전국에서 물회를 먹고 싶은 사람들은

반드시 들려야 하는 항구가 되어야 합니다.)

3) 조금 양보해서, 물회와 집집마다의 반찬

+ 활어회가 아닌 지역 특산 음식을 한 가지씩만 해서

10개가 겹치지 않게 선택해서 팔도록 합니다.

(지금처럼 물회도 팔고, 생선회도 팔면

굳이 도진항을 안 가도 그만입니다.

어느 항을 가도 선택지는 똑같기 때문입니다.)

물회와 더불어 일반식 한 가지씩을 투톱으로 짜는 겁니다.

4) 물회로 유명했던 도진항이니까, 앞으로 살 길도 물회입니다.

회센터 10곳이 모두 그걸 인정하고 변신을 함께 해야 합니다.

그럼, 시설을 고급화하는데 돈을 쓰지 않아도 됩니다.

특색없이 비슷한 메뉴를

내가 더 팔기 위해 호객을 하지 않아도 됩니다.

맛창 식당, 이유 있는 성공의 비밀

도진항에 오시면 백사장을 드립니다!!

도진항 회센터는 시설이 세련되지 않았습니다.

도진항 회센터는 대형 횟집이 아니라,

작은 회센터 10개가 모인 작은 항구입니다.

그러나

외옹치항의 바닷길을 걷는 운치는 드릴 수 없지만,

도진항에 오시면 백사장을 드립니다.

마음껏 노시다 가세요.

탈의실에서 준비된 옷으로 갈아입으세요. 공짜입니다.

슬리퍼도 대여해 드리니까 신발 걱정하지 마세요.

옷과 슬리퍼를 대여 후 마음껏 백사장을 즐기세요.

바닷물도 좋고, 모래사장 달리기도 좋습니다.

그렇게 도진항 백사장을 마음껏 즐기고, 샤워실로 가세요.

깨끗하게 샤워 후 본인의 옷으로 갈아입으세요.

백사장이 마음에 드셨다면, 회센터에서 물회를 드세요.

물회 가격은 동일합니다. 그리고 집집마다 찬 구성이 다릅니다.

취향에 맞는, 스토리가 좋은 식당을 선택하세요.

뜨내기 관광객들도 걱정하지 마세요.

정찰제로 신용을 팝니다.

집집마다의 내부 인테리어는 어떻게 하든 상관없습니다.

백사장에서 먹게 하면 됩니다.

공통의 홀이 되는 백사장에서 주로 먹게 합니다.

10개의 회센터가 모인 푸드코트라고 생각합니다.

(식당 내부를 꾸미는 것은 자유롭게 결정하도록 합니다.)

각 회센터는 주방의 역할을 하고

손님들은 중앙 백사장 홀에서 먹게끔 합니다.

바람을 가리고, 추위를 가리는 외부 시설은

함께 투자를 하든, 군에서 투자를 하든 합니다.

그리고 주차장에서 가장 잘 보이는 곳에

10개의 회센터를 소개하는 안내판을 만듭니다.

회센터 한 곳당

이런 식으로 스토리를 만들어

하나의 판에 멋지게 노출합니다.

메뉴를 고르는 메뉴판이 아니라

식당을 고르는 메뉴판인 겁니다.

물회 반찬으로 왜 그걸 주는지,

일반 메뉴 한 가지는 왜 선택했는지의 이야기도 좋고,

회센터 주인의 심금을 울리는 스토리도 좋습니다.

도진항 회센터 10곳을

10개의 스토리가 있는 식당으로 만드는 겁니다.

이 비용은 인테리어를 지원하는 비용과
비교할 수 없을 만큼 저렴합니다.
안내판 제작비도 그렇습니다.

'관광객은 호구가 아닙니다.'
'도진항 물회는 정직과 신용을 팝니다.'
'외지인은 바다를 즐길 권리가 있습니다.'
'항에서 단지 음식만 먹지 않습니다.'
'항의 모든 자연을 더불어 이용할 수 있습니다.'
'어디서나 파는 음식을 도진항은 팔지 않습니다.'
'도진항에서만 먹을 수 있는 물회를 팝니다.'
'그래서 여름만 찾아가는 곳이 아닙니다.'

이런 방향으로 컨설팅을 진행하여
도진항 물회의 매력을
전국에 알리는 기회가 되었으면 합니다.

식당 컨설팅 보고서 <한 컷 밥장사>

스마트폰으로 QR코드를 찍거나
천그루숲 홈페이지(www.천그루숲.com)의 자료실에 들어오시면
이경태 저자의 생생한 식당 컨설팅 보고서
<한 컷 밥장사>를 보실 수 있습니다.

식당의 매력은 '매출'이다
맛창 식당, 이유 있는 성공의 비밀

초판 1쇄 인쇄   2020년 7월 20일
초판 1쇄 발행   2020년 7월 30일

지은이   이경태
펴낸이   백광옥
펴낸곳   천그루숲
등 록   2016년 8월 24일 제25100-2016-000049호

주 소   (06990) 서울시 동작구 동작대로29길 119
전 화   0507-1418-0784   **팩 스**   050-4022-0784
이메일   ilove784@gmail.com   **카카오톡**   천그루숲

기획/마케팅   백지수
인 쇄   예림인쇄   **제 책**   예림바인딩

ISBN 979-11-88348-73-2 (13320) 종이책
ISBN 979-11-88348-74-9 (15320) 전자책

이 도서의 국립중앙도서관 출판예정도서목록(CIP)은 서지정보유통지원시스템 홈페이지(http://seoji.nl.go.kr)
와 국가자료종합목록 구축시스템(http://kolis-net.nl.go.kr)에서 이용하실 수 있습니다.
(CIP제어번호 : CIP2020029841)